ΤΡΑΓΑΝΈΣ ΚΑΙ ΝΌΣΤΙΜΕΣ ΣΥΝΤΑΓΈΣ ΓΙΑ ΤΗΓΑΝΗΤΈΣ ΓΙΑ ΝΑ ΙΚΑΝΟΠΟΙΉΣΕΤΕ ΤΙΣ ΛΙΓΟΎΡΕΣ ΣΑΣ

ΑΠΌ ΓΛΥΚΆ ΈΩΣ ΑΛΜΥΡΆ, 100 ΕΎΚΟΛΕΣ ΚΑΙ ΓΡΉΓΟΡΕΣ ΣΥΝΤΑΓΈΣ

Λιανή Κοτζιά

Ολα τα δικαιώματα διατηρούνται.
Αποποίηση ευθυνών

παραλείψεις που μπορεί να εντοπιστούν. Το υλικό στο eBook μπορεί να περιλαμβάνει πληροφορίες από τρίτα μέρη. Τα υλικά τρίτων αποτελούνται από απόψεις που εκφράζονται από τους ιδιοκτήτες τους. Ως εκ τούτου, ο συγγραφέας του eBook δεν αναλαμβάνει καμία ευθύνη ή ευθύνη για οποιοδήποτε υλικό ή απόψεις τρίτων. Είτε λόγω της προόδου του Διαδικτύου είτε λόγω των απρόβλεπτων αλλαγών στην πολιτική της εταιρείας και τις κατευθυντήριες γραμμές υποβολής σύνταξης, ό,τι αναφέρεται ως γεγονός τη στιγμή της συγγραφής αυτής μπορεί να καταστεί παρωχημένο ή ανεφάρμοστο αργότερα.

ΕΙΣΑΓΩΓΗ

Εξ ορισμού, οι τηγανητές είναι βασικά τηγανητά τρόφιμα που κατηγοριοποιούνται ευρέως σε τρεις κατηγορίες:

- Τηγανισμένα κέικ πάστας Chou ή ζύμη μαγιάς.

- Κομμάτια κρέατος, θαλασσινά, λαχανικά ή φρούτα επικαλυμμένα με κουρκούτι και τηγανητά.

- Μικρά κέικ με ψιλοκομμένο φαγητό σε κουρκούτι, όπως τηγανίτες καλαμποκιού.

Οι τηγανητές είναι ένα εξαιρετικά ευέλικτο φαγητό. Μπορούν να είναι συνοδευτικό, ορεκτικό, σνακ ή επιδόρπιο. Αρχικά εισήχθησαν στην Ιαπωνία τον 16ο αιώνα και ήταν όλο και πιο δημοφιλή αυτή τη δεκαετία.

Βασικές συμβουλές για να ξεκινήσετε

1. Μη σε φοβίζει το λάδι. Φροντίστε να προσθέσετε αρκετή ποσότητα στο τηγάνι, καθώς θα βοηθήσει να δώσετε τραγανότητα, καλό χρώμα και νόστιμη γεύση στις τηγανητές.

2. Αφήστε το να τσιτσιρίσει! Το τηγάνι σας πρέπει να ζεσταθεί σωστά πριν το μαγείρεμα. Αν η τηγανιά δεν τσιτσιρίζει όταν χτυπάει στο τηγάνι, ξέρετε ότι δεν είναι έτοιμη!

3. Μην γεμίζετε υπερβολικά το τηγάνι, καθώς αυτό προκαλεί πτώση της θερμοκρασίας του τηγανιού, με αποτέλεσμα τηγανίτες να λιγοστεύουν και να μην έχουν ψηθεί καλά.

Η Βασική Φόρμουλα

Λαχανικά + Αρωματικά & Μπαχαρικά + Τυρί + Συνδετικό

ΤΡΕΓΑΤΕΣ ΔΗΜΗΤΡΙΑΚΩΝ, ΞΗΡΟΙ ΚΑΙ ΣΠΟΡΟΙ

1. Γρήγορες τηγανίτες καστανού ρυζιού

Απόδοση: 6 Μερίδες

Συστατικό

- 2 κούπες Μαγειρεμένο κοντόκοκκο καστανό ρύζι

- $\frac{1}{2}$ φλιτζάνι Ζάχαρη

- 3 αυγά? χτυπημένος

- $\frac{1}{2}$ κουταλάκι του γλυκού Αλάτι

- $\frac{1}{4}$ κουταλάκι του γλυκού Βανίλια

- 6 κουταλιές της σούπας Αλεύρι

- $\frac{1}{2}$ κουταλάκι του γλυκού μοσχοκάρυδο

- 3 κουταλάκια του γλυκού Μπέικιν πάουντερ

Συνδυάστε το ρύζι, τα αυγά, τη βανίλια και το μοσχοκάρυδο και ανακατέψτε καλά.

Κοσκινίζουμε τα ξηρά υλικά μαζί και ανακατεύουμε στο μείγμα του ρυζιού. Ρίξτε κουταλιές σε ζεστό βαθύ λίπος (360) και τηγανίστε μέχρι να ροδίσουν.

Στραγγίζουμε σε απορροφητικό χαρτί, πασπαλίζουμε με ζάχαρη άχνη και σερβίρουμε ζεστό

2. Corn τηγανητές

Απόδοση: 4 Μερίδες

Συστατικό

- 10 ουγγιές Πράσινη γιγαντιαία παγωμένη κρέμα

- καλαμποκέλαιο για βαθύ τηγάνισμα

- $\frac{1}{2}$ φλιτζάνι Αλεύρι

- $\frac{1}{2}$ φλιτζάνι Κίτρινο καλαμποκάλευρο

- 1 κουταλάκι του γλυκού Μπέικιν πάουντερ

- 1 κουταλάκι του γλυκού Στιγμιαίος κιμάς κρεμμυδιού

- $\frac{1}{2}$ κουταλάκι του γλυκού Αλας

- 2 Αυγά

Τοποθετήστε το σακουλάκι καλαμποκιού που δεν έχει ανοιχτεί σε ζεστό νερό για 10 έως 15 λεπτά για να ξεπαγώσει.

Σε φριτέζα ή βαριά κατσαρόλα, ζεσταίνουμε 2 έως 3 ίντσες λάδι στους 375 βαθμούς. Σε ένα μεσαίο μπολ, συνδυάστε το αποψυγμένο καλαμπόκι και τα υπόλοιπα υλικά. ανακατεύουμε μέχρι να ενωθούν καλά.

Ρίξτε τη ζύμη ανά κουταλιά της σούπας σε καυτό λάδι, στους 375 βαθμούς. Τηγανίζουμε για 2 με 3 λεπτά ή μέχρι να ροδίσουν. Στραγγίζουμε σε χαρτί κουζίνας

3. Τηγανίτες μαυρομάτικους

Απόδοση: 20 Μερίδες

Συστατικό

- ½ κιλό μαυρομάτικα, μουλιασμένο

- 4 το καθένα σκελίδες σκόρδο, θρυμματισμένες

- 2 κουταλάκια του γλυκού Αλάτι

- 1 κουταλάκι του γλυκού μαύρο πιπέρι

- 4 κουταλιές της σούπας Νερό

- Λάδι για τηγάνισμα

- Χυμός λάιμ για γεύση

Όταν ο αρακάς έχει μαλακώσει, τρίψτε τα δέρματα και μουλιάστε άλλα 30 λεπτά.

Στραγγίστε και ξεπλύνετε.

Σε έναν επεξεργαστή τροφίμων, επεξεργάζεστε τον αρακά, το σκόρδο, το αλάτι και το πιπέρι

Προσθέστε νερό ενώ συνεχίζετε την επεξεργασία. Προσθέστε αρκετό νερό για να πάρετε έναν λείο, παχύρρευστο πουρέ .

Προθερμάνετε το φούρνο στους 250 F. Σε ένα μεγάλο τηγάνι, ζεσταίνουμε 2 έως 3 ίντσες λάδι και τηγανίζουμε 1 μπανιέρα από το κουρκούτι μέχρι να ροδίσει. Επαναλάβετε μέχρι να τηγανιστεί όλο το κουρκούτι με αυτόν τον τρόπο. Διατηρήστε στο φούρνο για να είναι ζεστό. Σερβίρετε ζεστό, πασπαλισμένο με αλάτι και χυμό λάιμ.

4. Τηγανίτες ρυζιού

Απόδοση: 12 Μερίδες

Συστατικό

- 1 πακέτο Ξηρή μαγιά

- 2 κουταλιές της σούπας   ζεστό νερό

- 1 ½ φλιτζάνι Μαγειρεμένο ρύζι; ψύχεται

- 3 αυγά? χτυπημένος

- 1 ½ φλιτζάνι Αλεύρι

- ½ φλιτζάνι Ζάχαρη

- ½ κουταλάκι του γλυκού Αλας

- ¼ κουταλάκι του γλυκού Μοσχοκάρυδο

- Λίπος για βαθύ τηγάνισμα

- Αχνη ζάχαρη

Διαλύουμε τη μαγιά σε χλιαρό νερό. Ανακατεύουμε με το ρύζι και αφήνουμε να σταθεί σε ζεστό μέρος όλη τη νύχτα. Την επόμενη μέρα, χτυπήστε τα αυγά, το αλεύρι, τη ζάχαρη, το αλάτι και το μοσχοκάρυδο.

Προσθέστε περισσότερο αλεύρι αν χρειάζεται για να γίνει ένα παχύρρευστο κουρκούτι. Ζεσταίνουμε το λίπος στους 370 βαθμούς ή μέχρι να ροδίσει ένας κύβος ψωμιού 1 ίντσας σε 60 δευτερόλεπτα. Ρίξτε τη ζύμη από μια κουταλιά της σούπας σε καυτό λάδι και τηγανίστε μέχρι να ροδίσει, περίπου 3 λεπτά.

Στραγγίζουμε σε απορροφητικό χαρτί και πασπαλίζουμε με ζάχαρη άχνη. Σερβίρετε ζεστό

5. Τηγανίτες βατόμουρου/καλαμποκιού

Απόδοση: 6 Μερίδες

Συστατικό

- ⅔ φλιτζάνι Αλεύρι

- ⅓ φλιτζάνι άμυλο καλαμποκιού

- 2 κουταλιές της σούπας Ζάχαρη

- 1 κουταλάκι του γλυκού Μπέικιν πάουντερ

- ½ κουταλάκι του γλυκού Αλας

- ¼ κουταλιά της σούπας Μοσχοκάρυδο , αλεσμένο

- ⅓ φλιτζάνι Γάλα

- 2 αυγά χωρισμένα _

- Φυτικό λάδι

- 1 ½ φλιτζάνι Βακκίνια

- Ζάχαρη & Μέλι ζαχαροπλαστικής

Σε ένα μεσαίο μπολ, ανακατεύουμε μαζί το αλεύρι, το καλαμποκάλευρο, τη ζάχαρη, το μπέικιν πάουντερ, το αλάτι και το μοσχοκάρυδο.

Σε 2 φλιτζάνια μεζούρα, ανακατέψτε το γάλα, τους κρόκους αυγών και το λάδι. Ρίχνουμε στο μείγμα του αλευριού. Ανακατέψτε καλά. Το κτύπημα θα είναι σκληρό. Ανακατέψτε τα βατόμουρα. Αφήνω στην άκρη.

Σε ένα μικρό μπολ με το μίξερ σε υψηλή θερμοκρασία, χτυπήστε τα ασπράδια μέχρι να σχηματιστούν σφιχτές κορυφές. Με λαστιχένια σπάτουλα διπλώνουμε απαλά το μισό χτυπημένο ασπράδια αυγών σε κουρκούτι μέχρι να αναμειχθούν καλά. Στη συνέχεια, διπλώστε τα υπόλοιπα χτυπημένα ασπράδια σε κουρκούτι,

Προσθέστε προσεκτικά το κουρκούτι για τηγανίτα με κουταλιές της σούπας, μερικές κάθε φορά, στο καυτό λάδι. Τηγανίζουμε για 3-4 λεπτά, γυρίζοντας μία φορά ή μέχρι να ροδίσουν οι τηγανητές.

6. Τηγανίτες καλαμποκιού με σάλτσα ντιπ

Απόδοση: 8 Μερίδες

Συστατικό

- 2 μεγάλα αυγά? χτυπημένος

- $\frac{3}{4}$ φλ Γάλα

- 1 κουταλάκι του γλυκού Αλεσμένο κύμινο

- 2 φλιτζάνια Αλεύρι

- Αλάτι και πιπέρι για να γευτείς

- 2 κούπες Πυρήνες καλαμποκιού

- 3 κουταλιές της σούπας Μαϊντανός; ψιλοκομμένο

Πικάντικη σάλτσα πορτοκαλιού

- $\frac{1}{2}$ φλιτζάνι Μαρμελάδα πορτοκαλιού

- $1\frac{3}{8}$ φλιτζάνι Φρέσκος χυμός πορτοκαλιού

- 1 κουταλιά της σούπας Τζίντζερ; τριμμένο

- ½ κουταλάκι του γλυκού μουστάρδα σε στιλ Ντιζόν

Σε ένα μπολ χτυπάμε τα αυγά και το γάλα. Σε ένα άλλο μπολ ανακατεύουμε το κύμινο πάνω από το αλεύρι. Αλατοπιπερώνουμε καλά

Χτυπάμε το μείγμα των αυγών στο αλεύρι με ένα σύρμα. Ανακατεύουμε το καλαμπόκι και τον μαϊντανό. Ζεστάνετε το λάδι στους 375° Ρίξτε το μείγμα καλαμποκιού στο καυτό λίπος χωρίς να γεμίσετε το τηγάνι. Τηγανίζουμε, γυρίζοντας μια φορά, μέχρι να ροδίσουν

Αφαιρούμε και στραγγίζουμε σε απορροφητικό χαρτί. Ανακατεύουμε τα υλικά της σάλτσας και σερβίρουμε.

7. Τηγανίτες καρναβαλιού

Απόδοση: 18 Μερίδες

Συστατικό

- 1 κούπα Ζεστό νερό

- 8 κουταλιές της σούπας ανάλατο βούτυρο

- 1 κουταλιά της σούπας Ζάχαρη

- ½ κουταλάκι του γλυκού Αλας

- 1 κούπα Αλεύρι για όλες τις χρήσεις, κοσκινισμένο

- 4 Αυγά

- 1 κουταλάκι του γλυκού Φρεσκοτριμμένη φλούδα πορτοκαλιού

- 1 κουταλάκι του γλυκού Φρεσκοτριμμένη φλούδα λεμονιού

- 4 φλιτζάνια Φυστικέλαιο

- Αχνη ζάχαρη

Σε μια μικρή κατσαρόλα ανακατεύουμε το νερό, το βούτυρο, τη ζάχαρη και το αλάτι και τα αφήνουμε να βράσουν. Όταν λιώσει το βούτυρο προσθέτουμε το αλεύρι. Ανακατεύουμε ζωηρά με ένα σύρμα

Προσθέστε τα αυγά, ένα κάθε φορά, χτυπώντας δυνατά με ένα κουτάλι μετά από κάθε προσθήκη. Προσθέστε την τριμμένη φλούδα πορτοκαλιού και λεμονιού.

Σε ένα βαθύ τηγάνι ζεσταίνουμε το φυστικέλαιο στους 300° F.

Ρίξτε το κουρκούτι με μια κουταλιά της σούπας στο καυτό λάδι, όχι περισσότερο από 4 ή 5 τη φορά. Όταν ροδίσουν και φουσκώσουν οι τηγανητές, τις αφαιρούμε με μια τρυπητή κουτάλα, τις στραγγίζουμε σε απορροφητικό χαρτί και τις

πασπαλίζουμε με τη ζάχαρη
ζαχαροπλαστικής.

8. Τηγανίτες Garbanzo με σάλτσα αχλαδιού

Απόδοση: 1 μερίδα

Συστατικό

- 1 ½ φλιτζάνι Γκαρμπάντζο μαγειρεμένα, στραγγισμένα

- 1 κουταλάκι του γλυκού Αλας

- 1 μέτρια   πατάτα Αϊντάχο

- 1 μικρό Κρεμμύδι, χοντροτριμμένο

- 1 κουταλιά της σούπας Αλεύρι

- 2 κουταλάκια του γλυκού Σάλτσα καυτερής πιπεριάς

- 3 ασπράδια αυγών ελαφρά χτυπημένα

- 2 Ιταλικές ντομάτες δαμάσκηνου

- 2 αχλάδια σφιχτά καθαρισμένα, ξεφλουδισμένα και κομμένα σε κύβους

- 1 κουταλιά της σούπας Φρέσκος χυμός λεμονιού

- 6 μεγάλα   Κρεμμύδια, ψιλοκομμένα

- 1 κουταλιά της σούπας πιπεριές Jalapeño

- 1 κουταλιά της σούπας Ξίδι από κρασί Sherry

- 1 κουταλάκι του γλυκού Μέλι

Σε ένα μεσαίο μπολ ανακατεύουμε την πατάτα, το κρεμμύδι, το αλεύρι και τη σάλτσα καυτερής πιπεριάς. Ανακατεύουμε καλά να αναμειχθούν. Προσθέστε τα φασόλια garbanzo και τα ασπράδια και ανακατέψτε.

Ρίξτε στρογγυλεμένες κουταλιές της σούπας από το κουρκούτι στο τηγάνι αφήνοντας χώρο να απλωθούν. Μαγειρέψτε σε μέτρια δυνατή φωτιά μέχρι να ροδίσουν

Σερβίρουμε με Zesty Pear Salsa

9. Τηγανίτες ρεβιθιών με κουσκούς

Απόδοση: 1 μερίδα

Συστατικό

- 7 ουγγιές   κουσκούς , μαγειρεμένο

- ½ μικρό αγγούρι

- 2 ντομάτες δαμάσκηνο?
(ξεφλουδισμένα, ξεσποριασμένα,
κομμένα σε κύβους)

- 1 Ασβέστη

- 6 Πράσινα κρεμμύδια? κομμένο

- 1 κονσέρβα (14 oz) ρεβίθια
στραγγισμένα ξεπλυμένα

- ½ κουταλάκι του γλυκού Κόλιανδρος ή
κόλιανδρος και μέντα

- 1 κόκκινο τσίλι; σπόροι ψιλοκομμένο

- 1 σκελίδα σκόρδο

- Αλεύρι σκέτο για πασπάλισμα

- 5 ουγγιές   FF γιαούρτι

- Αλάτι & φρεσκοτριμμένο πιπέρι

- Πάπρικα /Κύμινο για γεύση

Ανακατέψτε τις ντομάτες, τον μαϊντανό σε κουσκούς. Κόψτε το λάιμ στη μέση και στύψτε τον χυμό. Ψιλοκόβουμε τα φρέσκα κρεμμυδάκια σε κουσκούς.

Προσθέστε κύμινο, κόλιανδρο/κόλιανδρο, τσίλι και φύλλα κόλιανδρου/κόλιανδρου. Ψιλοκόβουμε τη σκελίδα σκόρδο και προσθέτουμε . Βάζουμε το αγγούρι σε ένα μπολ και ανακατεύουμε με γιαούρτι ψιλοκομμένο δυόσμο και προσθέτουμε μπόλικο καρύκευμα. Ανακατέψτε καλά

Πλάθουμε το μείγμα ρεβιθιών σε 6 μπουρεκάκια και πασπαλίζουμε ελαφρά με αλεύρι. Προσθέστε στο τηγάνι και μαγειρέψτε για λίγα λεπτά .

10. Τηγανίτες καλαμποκιού & πιπεριάς

Απόδοση: 12 Τηγανίτες

Συστατικό

- 1$\frac{1}{4}$ φλιτζάνι Καλαμπόκι, ολικής αλέσεως, φρέσκο ή κατεψυγμένο

- 1 κούπα Πιπεριά, κόκκινη; ψιλοκομμένο

- 1 κούπα Κρεμμυδάκια? ψιλοκομμένο

- 1 κουταλάκι του γλυκού Jalapeño; ψιλοκομμένο

- 1 κουταλάκι του γλυκού Αλεσμένο κύμινο

- 1 $\frac{1}{4}$ φλιτζάνι Αλεύρι

- 2 κουταλάκια του γλυκού Μπέικιν πάουντερ

- Αλας; να δοκιμάσω

- Πιπέρι, μαύρο; να δοκιμάσω

- 1 κούπα Γάλα

- 4 κουταλιές της σούπας Λάδι

Σε ένα μπολ βάζουμε το καλαμπόκι μαζί με την ψιλοκομμένη πιπεριά, το κρεμμύδι και την καυτερή πιπεριά. Πασπαλίζουμε με το κύμινο, το αλεύρι, το μπέικιν πάουντερ, το αλάτι και το πιπέρι. ανακατεύουμε να ομογενοποιηθούν. Προσθέτουμε το γάλα και ανακατεύουμε να ομογενοποιηθεί καλά.

Ρίξτε το κουρκούτι σε δόσεις $\frac{1}{4}$ φλιτζανιού στο τηγάνι και μαγειρέψτε μέχρι να ροδίσει και από τις δύο πλευρές, περίπου 2 λεπτά η καθεμία.

11. Τηγανίτες Chanuka

Απόδοση: 1 μερίδα

Συστατικό

- 2 Μαγιά, ενεργοί ξηροί φάκελοι Ζεστό νερό

- 2½ φλιτζάνι Αλεύρι; αλεύκαστο έως 3 Αλάτι

- 2 κουταλάκια του γλυκού Σπόροι γλυκάνισου

- 2 κουταλιές της σούπας   ελαιόλαδο

- 1 κούπα Σταφίδες? χωρίς κουκούτσι σκούρο

- 1 κούπα Ελαιόλαδο για τηγάνισμα

- 1 ½ φλιτζάνι Μέλι

- 2 κουταλιές της σούπας χυμό λεμονιού

Συνδυάστε το αλεύρι, το αλάτι και τους σπόρους γλυκάνισου σε ένα μπολ.

Προσθέστε σταδιακά τη διαλυμένη μαγιά και τις 2 κουταλιές της σούπας ελαιόλαδο . Ζυμώνουμε μέχρι η ζύμη να γίνει λεία και ελαστική

Απλώνουμε τις σταφίδες στην επιφάνεια εργασίας και ζυμώνουμε από πάνω τη ζύμη. Δώστε σχήμα μπάλας .

Ζεσταίνουμε το λάδι και τηγανίζουμε τα διαμάντια λίγα κάθε φορά, γυρίζοντας, μέχρι να ροδίσουν και από τις δύο πλευρές.

Ζεσταίνουμε το μέλι σε μια κατσαρόλα με 2 κουταλιές της σούπας χυμό λεμονιού και βράζουμε για μόλις 3 λεπτά. Τα αραδιάζουμε σε πιατέλα και τα περιχύνουμε με το ζεστό μέλι.

ΤΡΙΓΑΝΙΤΕΣ ΛΑΧΑΝΙΚΩΝ

12.   **Τηγανίτες μπάμιες**

Απόδοση: 1 μερίδα

Συστατικό

- 1 φλιτζάνι αλεύρι κοσκινισμένο

- 1 ½ κουταλάκι του γλυκού Μπέικιν πάουντερ

- 2 κουταλάκια του γλυκού Αλάτι

- ¼ κουταλάκι του γλυκού τριμμένο μαύρο πιπέρι

- ¼ κουταλάκι του γλυκού τριμμένο μοσχοκάρυδο

- 1 πρέζα καγιέν

- 2 φλιτζάνια φρέσκες μπάμιες -- κομμένες σε λεπτές φέτες

Ανακατεύουμε καλά τα υλικά

Ρίξτε με ένα κουταλάκι του γλυκού σε λάδι. Μαγειρέψτε μέχρι να ροδίσουν, 3-5 λεπτά μέχρι να επιπλέουν και μετά αναποδογυρίστε.

Στραγγίζουμε σε απορροφητικό χαρτί και σερβίρουμε ζεστό με σάλτσα αν θέλουμε.

13.   Τηγανίτες φασολιών

Απόδοση: 24 Τηγανίτες

Συστατικό

- 1 φλιτζάνι μπιζέλια, μαυρομάτικα

- 2 Πιπεριά, κόκκινη, καυτερή. σπόροι, ψιλοκομμένοι

- 2 κουταλάκια του γλυκού Αλάτι

- Λάδι, φυτικό; για τηγάνισμα

Μουλιάζουμε τα φασόλια όλη τη νύχτα σε κρύο νερό. Στραγγίστε, τρίψτε και πετάξτε τη φλούδα, καλύψτε ξανά τα φασόλια με κρύο νερό και μουλιάστε για 2-3 ώρες ακόμα. Στραγγίστε, ξεπλύνετε και περάστε το σε ένα μύλο κρέατος χρησιμοποιώντας την πιο λεπτή λεπίδα ή μειώστε λίγο-λίγο σε ένα ηλεκτρικό μπλέντερ. Τρίβουμε τις πιπεριές. Προσθέτουμε το αλάτι και το πιπέρι στα φασόλια και τα χτυπάμε με μια ξύλινη κουτάλα μέχρι να γίνουν ελαφριά και αφράτα και να αυξηθούν αρκετά χύμα.

Ζεσταίνουμε το λάδι σε ένα βαρύ τηγάνι και τηγανίζουμε το μείγμα με μια κουταλιά της σούπας μέχρι να ροδίσει και από τις δύο πλευρές. Στραγγίζουμε σε απορροφητικό χαρτί. Σερβίρετε ζεστό ως συνοδευτικό για ροφήματα.

14. Τηγανίτες γλυκοπατάτας με τζίντζερ

Απόδοση: 1 μερίδα

Συστατικό

- ΕΝΑ; (1/2 κιλό) γλυκοπατάτα

- 1 $\frac{1}{2}$ κουταλάκι του γλυκού Φρέσκο τζίντζερ, αποφλοιωμένο κιμά

- 2 κουταλάκια του γλυκού φρέσκο χυμό λεμονιού

- $\frac{1}{4}$ κουταλάκι του γλυκού αποξηραμένες νιφάδες καυτερής κόκκινης πιπεριάς

- $\frac{1}{4}$ κουταλάκι του γλυκού Αλάτι

- 1 μεγάλο αυγό

- 5 κουταλιές της σούπας αλεύρι για όλες τις χρήσεις

- Φυτικό λάδι για τηγάνισμα

Σε έναν επεξεργαστή τροφίμων ψιλοκόβουμε την τριμμένη γλυκοπατάτα με το τζίντζερ, το χυμό λεμονιού, τις νιφάδες κόκκινης πιπεριάς και το αλάτι, προσθέτουμε το αυγό και το αλεύρι και ανακατεύουμε καλά το μείγμα.

Σε μια μεγάλη κατσαρόλα ζεσταίνουμε $1\frac{1}{2}$ ίντσα λάδι και ρίχνουμε κουταλιές της σούπας από το μείγμα γλυκοπατάτας στο λάδι μέχρι να ροδίσουν

Μεταφέρετε τις τηγανητές σε απορροφητικό χαρτί για να στραγγίξουν.

15. Τηγανίτες μελιτζάνας

Απόδοση: 6 Μερίδες

Συστατικό

- 2 αυγά χτυπημένα

- Αλάτι για γεύση

- 2 κουταλιές της σούπας   Γάλα

- 2 μελιτζάνες (μελιτζάνες), κομμένες σε φέτες

- Λάδι για τηγάνισμα

Ανακατεύουμε τα αυγά, το αλάτι και το γάλα μαζί για να γίνει μια ζύμη. Βουτήξτε τις φέτες μελιτζάνας στο κουρκούτι και τηγανίστε τις επικαλυμμένες φέτες μελιτζάνας στο λάδι σε μέτρια φωτιά μέχρι να ροδίσουν ομοιόμορφα.

16. Τηγανίτες αγκινάρας

Απόδοση: 6 Μερίδες

Συστατικό

- ½ κιλά καρδιές αγκινάρας, ψημένες και κομμένες σε κύβους

- 4 αυγά χωρισμένα

- 1 κουταλάκι του γλυκού Μπέικιν πάουντερ

- 3 Πράσινα κρεμμυδάκια, ψιλοκομμένα

- 1 κουταλιά της σούπας τριμμένη φλούδα λεμονιού

- ½ φλιτζάνι Αλεύρι

- Αλάτι και πιπέρι για να γευτείς

- 1 κουταλιά της σούπας άμυλο καλαμποκιού

- 4 φλιτζάνια Λάδι για τηγάνισμα, Φυστικέλαιο ή καλαμποκέλαιο

Τοποθετήστε τις καρδιές αγκινάρας σε ένα μεγάλο μπολ και ανακατέψτε με τους κρόκους των αυγών και το μπέικιν πάουντερ. Προσθέστε πράσινο κρεμμύδι. Διπλώστε τη φλούδα λεμονιού. Ανακατεύουμε με το αλεύρι, το αλάτι και το πιπέρι. Σε ένα ξεχωριστό μπολ, χτυπήστε τα ασπράδια και το καλαμποκάλευρο μαζί μέχρι να σχηματιστούν κορυφές. Διπλώστε τα ασπράδια σε μείγμα αγκινάρας.

Με μια κουταλιά της σούπας, ρίξτε κούκλες κουρκούτι για τηγανίτα μεγέθους μισού δολαρίου σε λάδι. Τηγανίζουμε μέχρι να ροδίσουν

Αφαιρούμε τις τηγανίτες με τρυπητή κουτάλα και τις στραγγίζουμε σε απορροφητικό χαρτί κουζίνας.

17.   Τηγανίτες με ραβέντι

Απόδοση: 1 μερίδα

Συστατικό

- 8 κοτσάνια σέσκουλα ραβέντι

- 1 φλιτζάνι Αλεύρι

- $\frac{1}{2}$ κουταλάκι του γλυκού Αλάτι

- $\frac{1}{8}$ κουταλάκι του γλυκού πάπρικα

- 1 αυγό ελαφρά χτυπημένο

- 2 κουταλιές της σούπας λάδι ή λιωμένο βούτυρο

- $\frac{2}{3}$ φλιτζάνι γάλα

- Λάδι για τηγάνισμα

Ανακατεύουμε το αλεύρι, το αλάτι, την πάπρικα, το αυγό, το λάδι ή το βούτυρο και το γάλα.

Βουτήξτε τα κομμάτια του στελέχους σε αυτό το κουρκούτι, καλύπτοντάς τα καλά.

Τηγανίζουμε σε βαθύ λίπος που έχει θερμανθεί στους 375 F ή μέχρι να ζεσταθεί αρκετά για να ροδίσει έναν κύβο ψωμιού 1 ίντσας σε 1 λεπτό.

Στραγγίζουμε σε καφέ χαρτί σε ζεστό φούρνο

18.   Τηγανίτες σύκων

Απόδοση: 24 Εικ

Συστατικό

- 24 Σκληρά ώριμα σύκα

- 2 αυγά χωρισμένα

- $\frac{5}{8}$ φλιτζάνι γάλα

- 1 κουταλιά της σούπας Λάδι

- 1 πρέζα Αλάτι

- Τριμμένη φλούδα λεμονιού

- 20$\frac{1}{2}$ ουγγιά Αλεύρι

- 1 κουταλιά της σούπας Ζάχαρη

- Λάδι για τηγάνισμα

Σε ένα μπολ χτυπάμε τους κρόκους με το γάλα, το λάδι, το αλάτι και τη φλούδα λεμονιού. Ρίχνουμε το αλεύρι και τη ζάχαρη και ανακατεύουμε καλά. Βάζουμε το κουρκούτι στο ψυγείο για 2 ώρες.

Χτυπάμε τα ασπράδια μέχρι να σφίξουν και τα διπλώνουμε στο κουρκούτι. Βουτάμε τα σύκα στο κουρκούτι και τα τηγανίζουμε σε βαθύ καυτό λάδι μέχρι να ροδίσουν.

Στραγγίζουμε για λίγο και πασπαλίζουμε με ζάχαρη. Τα βερίκοκα, οι μπανάνες και άλλα φρούτα μπορούν να παρασκευαστούν με τον ίδιο τρόπο.

19. Ανάμεικτα χόρτα με τηγανητές γογγύλια

Απόδοση: 6 Μερίδες

Συστατικό

- ¼ φλιτζάνι βούτυρο
- 1 φλιτζάνι κρεμμύδι ψιλοκομμένο
- 1 φλιτζάνι φρέσκα κρεμμυδάκια ψιλοκομμένα
- 2 κοτσάνια σέλινο, ψιλοκομμένο
- 2 κουταλιές της σούπας ψιλοκομμένο gingerroot
- 2 σκελίδες σκόρδο, ψιλοκομμένες
- 1 κιλό Βρεφικά γογγύλια με πράσινες κορυφές
- 10 φλιτζάνια Νερό
- 2 πολύ μεγάλοι κύβοι μπουγιόν κοτόπουλου

- $\frac{1}{2}$ φλιτζάνι λευκό ξηρό κρασί ή νερό

- $\frac{1}{4}$ φλιτζάνι άμυλο καλαμποκιού

- 6 φλιτζάνια συσκευασμένα ολόκληρα φύλλα φρέσκου σπανακιού

- $1\frac{1}{4}$ κουταλάκι του γλυκού τριμμένο μαύρο πιπέρι

- $\frac{1}{2}$ κουταλάκι του γλυκού Αλάτι

- $\frac{1}{4}$ φλιτζάνι αλεύρι για όλες τις χρήσεις χωρίς κοσκινισμένο

- 1 μεγάλο αυγό, ελαφρά χτυπημένο

- Φυτικό λάδι για τηγάνισμα

Ετοιμάστε τα χόρτα.

Τρίβουμε χοντροκομμένα τα κρυωμένα γογγύλια. Ανακατεύουμε τα τριμμένα γογγύλια, το αλεύρι, το αυγό και το υπόλοιπο $\frac{1}{4}$ t πιπέρι και αλάτι.

Προσθέστε γεμάτες κουταλιές του γλυκού μείγμα τηγανίσματος στο τηγάνι και τηγανίστε, γυρίζοντας, μέχρι να ροδίσουν και από τις δύο πλευρές

20.   Επιδόρπιο τηγανητές κολοκυθάκια

Απόδοση: 2 μερίδες

Συστατικό

- 2 αυγα

- ⅔ φλιτζάνι Τυρί cottage με χαμηλά λιπαρά

- 2 φέτες ψωμί λευκό ή WW θρυμματισμένο

- 6 κουταλάκια του γλυκού Ζάχαρη

- 1 παύλα Αλάτι

- ½ κουταλάκι του γλυκού Μπέικιν πάουντερ

- 2 κουταλάκια του γλυκού Φυτικό λάδι

- 1 κουταλάκι του γλυκού εκχύλισμα βανίλιας

- ½ κουταλάκι του γλυκού αλεσμένη κανέλα

- $\frac{1}{4}$ κουταλάκι του γλυκού αλεσμένο μοσχοκάρυδο

- $\frac{1}{8}$ κουταλάκι του γλυκού Αλεσμένο μπαχάρι

- 2 κουταλιές της σούπας Σταφίδες

- 1 φλιτζάνι τέλος τριμμένο κολοκυθάκι χωρίς τη φλούδα

Ανακατεύουμε όλα τα υλικά εκτός από τις σταφίδες και τα κολοκυθάκια. Ανακατεύουμε μέχρι να ομογενοποιηθούν. Ρίξτε το μείγμα σε ένα μπολ. Ανακατέψτε τα κολοκυθάκια και τις σταφίδες στο μείγμα των αυγών.

Προθερμάνετε ένα αντικολλητικό τηγάνι ή τηγάνι σε μέτρια δυνατή φωτιά. Ρίξτε το κουρκούτι στο ταψί με ένα μεγάλο κουτάλι, φτιάχνοντας κέικ 4 ιντσών. Γυρίστε τις τηγανητές προσεκτικά όταν οι άκρες φαίνονται στεγνές.

21. Τηγανίτες πράσου

Απόδοση: 4 Μερίδες

Συστατικό

- 4 φλιτζάνια Πράσο ψιλοκομμένο? (περίπου 2 κιλά)

- 1 κουταλιά της σούπας Φυτικό λάδι

- 1 κουταλιά της σούπας Βούτυρο

- 2 φλιτζάνια οξαλίδα ψιλοκομμένη

- 2 αυγα

- $\frac{1}{4}$ φλιτζάνι Αλεύρι

- $\frac{1}{4}$ κουταλάκι του γλυκού αποξηραμένη φλούδα λεμονιού

- $\frac{1}{4}$ κουταλάκι του γλυκού Sweet Curry Powder

- $\frac{1}{4}$ κουταλάκι του γλυκού λευκό πιπέρι

- $\frac{1}{2}$ κουταλάκι του γλυκού Αλάτι

- Κρέμα γάλακτος

Σοτάρουμε τα πράσα στο λάδι και το βούτυρο για περίπου 7 λεπτά, μέχρι να ψηθούν, αλλά να μην ροδίσουν

Προσθέστε το οξαλάκι και μαγειρέψτε άλλα 7 λεπτά, περίπου, μέχρι να μαραθεί. Όταν κρυώσει, χτυπήστε μαζί τα αυγά, το αλεύρι και τα καρυκεύματα. Προσθέστε στα πράσα.

Σε ένα τηγάνι ζεσταίνετε περίπου $\frac{1}{4}$ φλιτζάνι φυτικό λάδι. Ρίξτε αρκετό μείγμα πράσου για να φτιάξετε μια τηγανίτα 2-$\frac{1}{2}$"-3". Μαγειρεύουμε 2-3 λεπτά από την πρώτη πλευρά, μέχρι να ροδίσουν ελαφρά, γυρίζουμε και ψήνουμε για περίπου 2 λεπτά από τη δεύτερη πλευρά.

Στραγγίζουμε σε απορροφητικό χαρτί και σερβίρουμε.

22. Τηγανίτες φακές και βινεγκρέτ παντζαριών

Απόδοση: 4 Μερίδες

Συστατικό

- $\frac{1}{4}$ λίβρα Κόκκινες φακές? μαγείρευτος

- 1 κουταλιά της σούπας ψιλοκομμένο φρέσκο άνηθο

- 1 κουταλάκι του γλυκού πάπρικα

- $\frac{1}{2}$ κουταλάκι του γλυκού Αλάτι

- $\frac{3}{4}$ κιλά Κόκκινες πατάτες? ξεφλουδισμένα

- Ελαιόλαδο; για τηγάνισμα

- $\frac{1}{4}$ κιλά Πράσινα παντζάρια? τα στελέχη αφαιρέθηκαν

- 1 κουταλιά της σούπας ξύδι βαλσάμικο

- $\frac{1}{2}$ κουταλάκι του γλυκού μουστάρδα τριμμένη με πέτρα

- $\frac{1}{2}$ κουταλάκι του γλυκού Κάπαρη

- Αλας

- Φρεσκοτριμμένο μαύρο πιπέρι

- 3 κουταλιές της σούπας εξαιρετικό παρθένο ελαιόλαδο

Τοποθετήστε τον πουρέ φακών σε ένα μπολ, ανακατέψτε τον άνηθο, την πάπρικα και ½ κουταλάκι του γλυκού αλάτι. Τρίψτε τις πατάτες στο μπολ και ανακατέψτε να ομογενοποιηθούν.

Πλάθετε το μείγμα των φακών σε τηγανιτές σε μέγεθος μισού δολαρίου και τηγανίζετε σε λεπτή στρώση λαδιού μέχρι να ροδίσουν

Ντρέσινγκ: Τοποθετήστε το ξύδι, τη μουστάρδα, την κάπαρη, το αλάτι και το πιπέρι σε ένα μικρό μπολ. Χτυπάμε το ελαιόλαδο μέχρι να ομογενοποιηθεί. Βράζετε τα πράσινα παντζάρια σε

αλατισμένο νερό μέχρι να μαραθούν.
Σερβίρισμα

23. Τηγανίτη μελιτζάνας

Απόδοση: 4 Μερίδες

Συστατικό

- 1 μικρή μελιτζάνα

- 1 κουταλάκι του γλυκού ξύδι

- 1 Αυγό

- $\frac{1}{4}$ κουταλάκι του γλυκού Αλάτι

- 3 κουταλιές της σούπας Αλεύρι

- $\frac{1}{2}$ κουταλάκι του γλυκού Μπέικιν πάουντερ

Καθαρίζουμε και κόβουμε σε φέτες τη μελιτζάνα. Μαγειρέψτε μέχρι να μαλακώσει σε βραστό, αλατισμένο νερό. Προσθέστε ξύδι και αφήστε να σταθεί για ένα λεπτό για να αποφύγετε τον αποχρωματισμό. Στραγγίζουμε τη μελιτζάνα & πολτοποιούμε. Χτυπάμε με τα άλλα υλικά και ρίχνουμε από το κουτάλι σε ζεστό λίπος, γυρίζοντας τις τηγανητές να ροδίσουν ομοιόμορφα. Στραγγίζουμε καλά σε απορροφητικό χαρτί και διατηρούμε ζεστό.

Μπορούν να προστεθούν ψιλοκομμένα κρεμμύδια, μαϊντανός κ.λπ.

24. Τηγανίτες καρότου με κάρυ

Απόδοση: 1 μερίδα

Συστατικό

- $\frac{1}{2}$ φλιτζάνι Αλεύρι

- 1 αυγό ελαφρά χτυπημένο

- 1 κουταλάκι του γλυκού κάρυ σε σκόνη

- $\frac{1}{2}$ κιλό καρότα

- $\frac{1}{4}$ κουταλάκι του γλυκού Αλάτι

- $\frac{1}{2}$ φλιτζάνι μπύρα Flat

- 1 ασπράδι αυγού

Συνδυάστε το αλεύρι, το αλάτι, το αυγό, 1 κουταλιά της σούπας φυτικό λάδι και την μπύρα για να φτιάξετε ένα λείο κουρκούτι.

Ανακατεύουμε σε σκόνη κάρυ. Χτυπάμε το ασπράδι μέχρι να σφίξει και το διπλώνουμε σε κουρκούτι. Διπλώστε απαλά τα καρότα.

Ρίξτε μεγάλες κουταλιές από το μείγμα σε φυτικό λάδι 375 βαθμών και μαγειρέψτε περίπου ένα λεπτό από κάθε πλευρά.

25.   Τηγανητά μπιζέλια

Απόδοση: 4 Μερίδες

Συστατικό

- 2 φλιτζάνια αρακά (μαγειρευτά)

- 1 φλιτζάνι Αλεύρι

- 2 κουταλάκια του γλυκού Μπέικιν πάουντερ

- 1 κουταλάκι του γλυκού Πιπέρι

- ½ κουταλάκι του γλυκού Αλάτι

- 1 κουταλιά της σούπας σκόνη κάρυ

- 2 αυγα

- 1 ½ φλιτζάνι Γάλα

Ανακατεύουμε όλα τα ξηρά υλικά. Χτυπάμε τα αυγά και το γάλα. Προσθέστε στο μείγμα του αλευριού. Ανακατεύουμε απαλά τον μαγειρεμένο αρακά.

Ρίξτε από το κουτάλι σε $\frac{3}{4}$ ίντσας ζεστό λίπος. Τηγανίζουμε μέχρι να ροδίσουν. Σερβίρει 4 έως 5

26. Γεμιστές τηγανητές πατάτες

Απόδοση: 1 μερίδα

Συστατικό

- $\frac{1}{4}$ φλιτζάνι καλαμποκέλαιο

- 3 μέτρια (1-1/2 φλιτζάνια) κρεμμύδια. ψιλοκομμένο

- 1 κιλό μοσχαρίσιος κιμάς

- 1 κουταλάκι του γλυκού Αλάτι

- $\frac{1}{2}$ κουταλάκι του γλυκού πιπέρι

- 3 λίβρες πατάτες? μαγειρεμένο και πολτοποιημένο

- 1 αυγό? χτυπημένος

- 1 κουταλάκι του γλυκού Αλάτι; ή για γεύση

- $\frac{1}{2}$ κουταλάκι του γλυκού αλεσμένη κανέλα

- $\frac{1}{2}$ κουταλάκι του γλυκού πιπέρι

- 1 φλιτζάνι γεύμα Matzoh

Ζεσταίνουμε το λάδι σε ένα τηγάνι και τσιγαρίζουμε τα κρεμμύδια σε μέτρια φωτιά μέχρι να ροδίσουν. Προσθέστε το βόειο κρέας, αλάτι, πιπέρι και ανακατέψτε μέχρι να στεγνώσει το μείγμα και να εξατμιστούν όλα τα υγρά. Προσθέστε πουρέ πατάτας.

Πλάθετε ½ φλιτζάνι ζύμη πατάτας σε κύκλο στην παλάμη σας. Βάλτε 1 γενναιόδωρη γέμιση στο κέντρο και διπλώστε τη ζύμη σε ένα ελαφρώς πεπλατυσμένο σχήμα λουκάνικου

Τηγανίζουμε σε λάδι σε μέτρια φωτιά μέχρι να ροδίσουν και από τις δύο πλευρές.

27. Τηγανίτες μανιταριών

Απόδοση: 6 Μερίδες

Συστατικό

- 1 φλιτζάνι αλεύρι για όλες τις χρήσεις

- κουτί μπύρας 1 12 oz

- 1 $\frac{1}{2}$ κουταλάκι του γλυκού Αλάτι

- $\frac{1}{4}$ κουταλάκι του γλυκού μαύρο πιπέρι

- 1 κουταλάκι του γλυκού πάπρικα

- 1 κιλό   Μανιτάρια

- χυμό λεμονιού

- Αλας

- 4 φλιτζάνια Λάδι για το τηγάνισμα

Ετοιμάστε το κουρκούτι ανακατεύοντας όλα εκτός από τα μανιτάρια, το αλάτι και το λεμόνι μέχρι να ομογενοποιηθεί.

Ραντίζουμε τα μανιτάρια με λίγο χυμό λεμονιού και αλάτι.

Βουτήξτε ένα μανιτάρι στο κουρκούτι και ρίξτε σε καυτό λάδι μέχρι να ροδίσει. Διατηρούμε τα μανιτάρια που έχουν ήδη ψηθεί σε λαμαρίνα στρωμένη με απορροφητικό χαρτί σε χαμηλό φούρνο.

28. Bhajiyas κρεμμυδιού / τηγανητές κρεμμύδι

Απόδοση: 6 Μερίδες

Συστατικό

- 1 ½ φλιτζάνι αλεύρι φακές ή ρεβιθιού

- 1 κουταλάκι του γλυκού Αλάτι ή κατά βούληση

- 1 πρέζα μαγειρική σόδα

- 1 κουταλιά της σούπας αλεσμένο ρύζι

- Πρέζα κύμινο/τσίλι σε σκόνη/κόλιανδρο

- 1 έως 2 φρέσκες πράσινες πιπεριές τσίλι

- 2 μεγάλα κρεμμύδια, κομμένα σε ροδέλες και χωρισμένα

- Λάδι για τηγάνισμα

Κοσκινίζουμε το αλεύρι και προσθέτουμε αλάτι, μαγειρική σόδα, αλεσμένο ρύζι, κύμινο, κόλιανδρο, σκόνη τσίλι και πράσινες πιπεριές τσίλι. Ανακατέψτε καλά. Τώρα προσθέστε τα κρεμμύδια και ανακατέψτε καλά.

Προσθέστε σταδιακά το νερό και συνεχίστε να ανακατεύετε μέχρι να σχηματιστεί ένα μαλακό παχύρρευστο κουρκούτι.

Ζεσταίνουμε το λάδι και τηγανίζουμε απαλά τις τηγανίτες για να βεβαιωθείτε ότι το κουρκούτι στο κέντρο θα παραμείνει μαλακό, ενώ το εξωτερικό του γίνεται χρυσαφένιο και τραγανό. Αυτό θα πρέπει να διαρκεί περίπου 12 έως 12 λεπτά κάθε παρτίδα.

Στραγγίζουμε τις τηγανητές σε απορροφητικό χαρτί κουζίνας.

29. Pakora

Απόδοση: 12 Μερίδες

Συστατικό

- 1 φλιτζάνι αλεύρι ρεβιθιού

- $\frac{1}{2}$ φλιτζάνι αλεύρι για όλες τις χρήσεις

- $\frac{1}{2}$ κουταλάκι του γλυκού μαγειρική σόδα

- $\frac{3}{4}$ κουταλάκι του γλυκού Κρέμα ταρτάρ

- $\frac{1}{4}$ κουταλάκι του γλυκού Θαλασσινό αλάτι

- 1 κουταλάκι του γλυκού Κύμινο σε σκόνη & κόλιανδρο σε σκόνη

- 1 κουταλάκι του γλυκού Κουρκουμάς & πιπέρι καγιέν

- 2 κουταλιές της σούπας χυμό λεμονιού

- 1 φλιτζάνι πατάτες κομμένες σε φέτες

- 1 φλιτζάνι μπουκίτσες κουνουπιδιού

- 1 φλιτζάνι πιπεριά ψιλοκομμένη

Ανακατέψτε τα αλεύρια, τη μαγειρική σόδα, την κρέμα ταρτάρ, το αλάτι και τα μπαχαρικά.

Ανακατέψτε σταδιακά το νερό και το χυμό λεμονιού για να γίνει ένα λείο κουρκούτι με τη συνοχή της παχύρρευστης κρέμας. Αφήνω στην άκρη.

Βουτήξτε τα λαχανικά σε κουρκούτι για να επικαλυφθούν. Βυθίστε σε καυτό λάδι, γυρίζοντας να ψηθούν ομοιόμορφα, μέχρι να ροδίσουν, περίπου 5 λεπτά. Αφαιρούμε με τρυπητή κουτάλα και στραγγίζουμε σε απορροφητικό χαρτί.

30. Τηγανίτες παστινάκι και καρότο

Απόδοση: 4 Μερίδες

Συστατικό

- 225 γραμμάρια παστινάκι; τριμμένο

- 2 μεσαία καρότα? τριμμένο

- 1 κρεμμύδι? τριμμένο

- 3 κουταλιές της σούπας φρέσκο ψιλοκομμένο σχοινόπρασο

- Αλάτι και φρεσκοτριμμένο μαύρο πιπέρι

- 2 μέτρια αυγά

- $\frac{1}{2}$ συσκευασία Λουκάνικα Χοιρινά

- 100 γραμμάρια ισχυρό τυρί Cheddar

- 40 γραμμάρια αλεύρι απλό

- 2 κουταλιές της σούπας φρέσκο μαϊντανό ψιλοκομμένο

Ανακατεύουμε μαζί τους παστινάδες, τα καρότα, το κρεμμύδι, το σχοινόπρασο, τα καρυκεύματα και το ένα αυγό, μέχρι να αναμειχθούν καλά. Χωρίστε τα στα τέσσερα, ισιώνοντας σε τραχιές τηγανίτες.

Ζεσταίνουμε ένα μεγάλο τηγάνι και ψήνουμε τα λουκάνικα για 10 λεπτά, γυρίζοντας κατά διαστήματα μέχρι να ροδίσουν.

Εν τω μεταξύ, προσθέστε τις τηγανίτες στο τηγάνι και τηγανίστε για 3 λεπτά από κάθε πλευρά μέχρι να ροδίσουν

Ανακατεύουμε τα υπόλοιπα υλικά να σχηματίσουν μια σφιχτή πάστα και τυλίγουμε σε σχήμα μεγάλου κορμού. Κόψτε στα τέσσερα. Ψιλοκόβουμε τα λουκάνικα και τα μοιράζουμε στις τηγανητές. Καλύπτουμε το καθένα με μια φέτα τυρί.

Τοποθετούμε κάτω από την προθερμασμένη σχάρα και μαγειρεύουμε για 5-8 λεπτά μέχρι να ροδίσουν και να λιώσουν. Σερβίρουμε αμέσως γαρνίροντας με σχοινόπρασο και τσάτνεϊ.

31. Τηγανίτες Pomme/Fritters πατατίνης

Απόδοση: 4 Μερίδες

Συστατικό

- 1 κιλό πατάτες Russet

- 4 λίτρα   παρθένο ελαιόλαδο

- Αλατοπίπερο

Κόβουμε τις πατάτες σε φέτες ίσου μεγέθους και τις βάζουμε σε νέο κρύο νερό.

Ζεσταίνουμε λάδι στους 385 F σε μια κατσαρόλα διπλάσιο του όγκου του λαδιού

Προσθέστε τις πατάτες μια χούφτα και μαγειρέψτε μέχρι να ροδίσουν. Βγάζουμε και στραγγίζουμε σε χαρτί, αλατοπιπερώνουμε και σερβίρουμε με μαγιονέζα

32. Τηγανίτες πατάτες και καρύδια

Απόδοση: 4 Μερίδες

Συστατικό

- 2 Πατάτες βραστές
- Αλας
- 2 μεγάλα αυγά
- $\frac{1}{2}$ φλιτζάνι καρύδια ψιλοκομμένα
- Φρεσκοτριμμένο πιπέρι
- 5 φλιτζάνια Φυτικό λάδι, για τηγάνισμα

Ζεσταίνουμε το λάδι για τηγάνισμα στους 360 βαθμούς

Φτιάξτε τηγανητές από το μείγμα αλλά μην τις γεμίσετε με λάδι. Τηγανίζουμε για 2-3 λεπτά ή μέχρι να ροδίσουν από όλες τις πλευρές.

Μεταφέρετε σε ταψί στρωμένο με χαρτί κουζίνας.

33. Τηγανίτες κολοκύθας

Απόδοση: 1 μερίδα

Συστατικό

- 4 φλιτζάνια μαγειρεμένη πολτοποιημένη κολοκύθα

- 2 αυγα

- 1 φλιτζάνι Αλεύρι

- 1 πρέζα Αλάτι

- 1 κουταλάκι του γλυκού Μπέικιν πάουντερ

- 2 κουταλιές της σούπας γεμάτη ζάχαρη

- 250 χιλιοστόλιτρα Ζάχαρη

- 500 χιλιοστόλιτρα Νερό

- 500 χιλιοστόλιτρα Γάλα

- Μαργαρίνη 30 χιλιοστόλιτρα

- 20 χιλιοστόλιτρα άμυλο καλαμποκιού αναμεμειγμένο με νερό

Ανακατεύουμε όλα τα υλικά, φτιάχνοντας ένα απαλό χυλό και τηγανίζουμε τις κουταλιές σε ρηχό λάδι μέχρι να ροδίσουν ελαφρά και οι δύο πλευρές.

Τα στραγγίζουμε σε χαρτί και τα σερβίρουμε ζεστά με κανέλα ζάχαρη ή σάλτσα καραμέλας.

34. Τηγανίτες σπανάκι

Απόδοση: 4 Μερίδες

Συστατικό

- 1 κιλό   φρέσκο σπανάκι ή άλλο

- Λαχανικό της επιλογής σας

- 3 μεγάλα αυγά

- 2 κουταλιές της σούπας Γάλα

- 1 κουταλάκι του γλυκού Αλάτι

- $\frac{1}{2}$ κουταλάκι του γλυκού πιπέρι

- 2 κουταλιές της σούπας ψιλοκομμένο κρεμμύδι

- 1 κουταλιά της σούπας σέλινο ψιλοκομμένο

- 1 κουταλιά της σούπας Αλεύρι

- Μαγειρικό λάδι

Πλένουμε καλά το σπανάκι, το στραγγίζουμε και το ψιλοκόβουμε.

Χωρίζουμε τα αυγά και χτυπάμε τα ασπράδια μέχρι να γίνουν μαλακές κορυφές.

Ανακατεύουμε τους κρόκους με το γάλα, το αλάτι, το πιπέρι, το κρεμμύδι, το σέλινο και το αλεύρι. Προσθέστε τα χτυπημένα ασπράδια και το σπανάκι ανακατεύοντας καλά.

Πλάθουμε σε 8 μπιφτέκια 3 ιντσών και τηγανίζουμε σε μαγειρικό λάδι μέχρι να ροδίσουν.

35. Τηγανητές τηγανητές tofu

Απόδοση: 4 Μερίδες

Συστατικό

- 50 γραμμάρια αλεύρι που φουσκώνει μόνο του

- Αλάτι και φρεσκοτριμμένο πιπέρι

- Φυτικό λάδι για τηγάνισμα

- 285 γρ τόφου; κομμένο σε κομμάτια

- 2 κουταλιές της σούπας ζάχαρη άχνη

- 2 κουταλιές της σούπας ξύδι από κόκκινο κρασί

- 300 γραμμάρια ανάμεικτα μούρα

- 2 ασκαλώνια? ψιλοκομμένο

Φτιάξτε τη σάλσα. Βάζουμε το ξύδι και τη ζάχαρη σε ένα τηγάνι και ζεσταίνουμε απαλά για να διαλυθεί η ζάχαρη. Προσθέστε τα μούρα και τα ασκαλώνια και αφήστε τα απαλά για 10 λεπτά μέχρι να μαλακώσουν. Αφήστε να κρυώσει.

Φτιάχνουμε τη ζύμη, βάζουμε το αλεύρι σε ένα μπολ και ανακατεύουμε σταδιακά με το νερό.

Ζεσταίνουμε το λάδι σε βαθύ τηγάνι μέχρι να ζεσταθεί. Βουτήξτε το τόφου στο κουρκούτι και τηγανίστε για 1-2 λεπτά μέχρι να γίνει τραγανό το κουρκούτι.

36. Τηγανίτες ντομάτας

Απόδοση: 16 Μερίδες

Συστατικό

- 1 ⅓ φλιτζάνι ντομάτες δαμάσκηνο, κομμένες σε κύβους

- ⅔ φλιτζάνι κολοκυθάκια, κομμένα σε κύβους

- ½ φλιτζάνι Κρεμμύδι, ψιλοκομμένο

- 2 κουταλιές της σούπας φύλλα μέντας, ψιλοκομμένα

- ½ φλιτζάνι αλεύρι για όλες τις χρήσεις

- ¾ κουταλάκι του γλυκού Μπέικιν πάουντερ

- ½ κουταλάκι του γλυκού Αλάτι

- ½ κουταλάκι του γλυκού πιπέρι

- Πρέζα κανέλα

- Ελαιόλαδο για τηγάνισμα

Σε ένα μικρό μπολ ανακατεύουμε τις ντομάτες, τα κολοκυθάκια, το κρεμμύδι και τον δυόσμο σε κυβάκια

Ανακατεύουμε το αλεύρι, το μπέικιν πάουντερ, το αλάτι & πιπέρι και την κανέλα σε ένα μεσαίο μπολ. Ανακατέψτε τα λαχανικά σε ξηρά υλικά.

Ζεσταίνουμε το ελαιόλαδο σε ένα μεγάλο αντικολλητικό τηγάνι και ρίχνουμε το κουρκούτι με στρογγυλεμένη κουταλιά της σούπας σε λάδι. Μαγειρέψτε μέχρι να ροδίσει, περίπου 2 λεπτά ανά πλευρά.

Στραγγίζουμε σε απορροφητικό χαρτί, σερβίρουμε ζεστό.

ΦΡΟΥΤΑ ΦΡΟΥΤΕΣ

37. Ολλανδικά τηγανιτά μήλων

Απόδοση: 4 Μερίδες

Συστατικό

- 8 μεγάλα μήλα ξεφλουδισμένα, χωρίς πυρήνα

- 2 φλιτζάνια αλεύρι για όλες τις χρήσεις, κοσκινισμένο

- 12 ουγγιές Ale

- $\frac{1}{2}$ κουταλάκι του γλυκού Αλάτι

- Λάδι, λαρδί ή λίπος

- Αχνη ζάχαρη

Κόψτε τα μήλα με τη φλούδα και τον πυρήνα ή τα κόψτε σε στρογγυλά κομμάτια σε πάχος $\frac{1}{3}$ ίντσας.

Ανακατεύουμε την αλεύρι, το αλεύρι και το αλάτι με το σύρμα, μέχρι το μείγμα να γίνει λείο και στη συνέχεια βουτάμε τις φέτες μήλου στο μείγμα.

Τηγανίζουμε σε βαθύ λίπος ή σε 1 ίντσα λάδι σε βαρύ τηγάνι σε θερμοκρασία τηγανίσματος 370°. Διοχετεύω

38. **Τηγανίτες μήλου-πορτοκαλιού**

Απόδοση: 18 Μερίδες

Συστατικό

- 1 φλιτζάνι Γάλα

- 1 πορτοκάλι, φλούδα και χυμό

- 1 αυγό, χτυπημένο

- 1 φλιτζάνι Μήλα, χοντροκομμένα

- 4 κουταλιές της σούπας Μαργαρίνη

- 3 φλιτζάνια αλεύρι για κέικ

- $\frac{1}{4}$ φλιτζάνι Ζάχαρη

- 2 κουταλάκια του γλυκού Μπέικιν πάουντερ

- $\frac{1}{2}$ κουταλάκι του γλυκού Αλάτι

- 1 κουταλάκι του γλυκού Βανίλια

Χτυπάμε το αυγό. Σε ένα μπολ ανακατεύουμε το γάλα, το αυγό και τη λιωμένη μαργαρίνη. Προσθέστε το χυμό πορτοκαλιού, τη φλούδα, τα μήλα ψιλοκομμένα και τη βανίλια.

Κοσκινίζουμε μαζί το αλεύρι, το αλάτι, το μπέικιν πάουντερ. Ανακατεύουμε στο μείγμα του γάλακτος με ένα κουτάλι μέχρι να ομογενοποιηθεί.

Προθερμαίνουμε το λάδι σε ένα τηγάνι στους 350~. Ρίξτε το τέλος της κουταλιάς της σούπας σε καυτό λάδι. Τηγανίζουμε σε ένα χρυσαφί χρώμα. Γυρίζουμε να ροδίσουν ομοιόμορφα. Αφήστε να κρυώσει.

39. Τηγανίτες μπανάνας σε κουρκούτι tempura

Απόδοση: 1 μερίδα

Συστατικό

- 5 Μπανάνες

- Αλεύρι για βυθοκόρηση μπανανών

- Φυτικό λάδι για βαθύ τηγάνισμα

- 1 Αυγό

- 125 χιλιοστόλιτρα Αλεύρι κοσκινισμένο

- 1/2 κουτ. μαγειρική σόδα

- Μέλι

Ανακατεύουμε τα υλικά της ζύμης με ένα χτύπημα μέχρι να αφρατέψουν κάπως.

Κόψτε τις μπανάνες σε κομμάτια 1 ίντσας / $2\frac{1}{2}$ cm. Τα κυλάμε στο αλεύρι μέχρι να καλυφθούν ελαφρά.

Βουτήξτε μερικά κομμάτια μπανάνας στο κουρκούτι και τηγανίστε τα μέχρι να ροδίσουν. Στραγγίζουμε σε απορροφητικό χαρτί. Κάνετε σε μικρές παρτίδες μέχρι να τελειώσουν όλα.

Ζεσταίνουμε το μέλι σε κατσαρόλα μέχρι να γίνει υγρό και ζεστό. ρίξτε αυτό πάνω στις μπανάνες.

40. Τηγανίτες βερίκοκου

Απόδοση: 8 Μερίδες

Συστατικό

- 12 μικρά   βερίκοκα
- 12   αμύγδαλα ολόκληρα
- 2 κουταλιές της σούπας λευκό ρούμι
- $\frac{1}{2}$ φλιτζάνι αλεύρι για όλες τις χρήσεις
- $\frac{1}{2}$ φλιτζάνι άμυλο καλαμποκιού
- 3 κουταλιές της σούπας Ζάχαρη
- $\frac{1}{2}$ κουταλάκι του γλυκού Αλάτι
- $\frac{1}{2}$ κουταλάκι του γλυκού κανέλα
- $\frac{1}{2}$ κουταλάκι του γλυκού Μπέικιν πάουντερ
- $\frac{1}{2}$ φλιτζάνι Νερό; συν
- 1 κουταλιά της σούπας Νερό

- 3 κουταλιές της σούπας λιωμένο βούτυρο

- 1 ½ λίτρο φυτικό λάδι. για τηγάνισμα

- Αχνη ζάχαρη

Τοποθετούμε τα βερίκοκα σε ένα μπολ και πασπαλίζουμε τις πλευρές των σχισμών με το ρούμι.

Για το κουρκούτι, συνδυάστε τα ξηρά υλικά σε ένα μπολ και χτυπήστε με το νερό και μετά το λιωμένο βούτυρο.

Με ένα πιρούνι βουτάμε τα βερίκοκα στο κουρκούτι μέχρι να ροδίσουν και να ψηθούν τα βερίκοκα

41. Τηγανίτες μπανάνας Benya

Απόδοση: 1 μερίδα

Συστατικό

- 1 πακέτο μαγιά

- 1 φλιτζάνι Ζεστό νερό

- Ζάχαρη

- 10   πολύ μαλακές μπανάνες

- 3 κουταλιές της σούπας Κανέλα

- 2 κουταλιές της σούπας μοσχοκάρυδο

- $2\frac{1}{2}$ κιλά Αλεύρι

- $1\frac{1}{2}$ κιλό Ζάχαρη

- Τριμμένη φλούδα πορτοκαλιού

- $\frac{1}{4}$ κουταλάκι του γλυκού Αλάτι

Προσθέτουμε τη μαγιά σε ζεστό νερό και πασπαλίζουμε με λίγη ζάχαρη. Σκεπάζουμε και αφήνουμε να σταθεί για να ξεκινήσει η διαδικασία φουσκώματος.

Πολτοποιήστε καλά τις μπανάνες σε μεγάλο μπολ με μαγιά. Προσθέτουμε την κανέλα, το μοσχοκάρυδο, το αλεύρι, τη ζάχαρη, το ξύσμα πορτοκαλιού και το αλάτι. Ανακατεύουμε καλά και αφήνουμε όλη τη νύχτα. Το μείγμα θα ανέβει και θα τριπλασιαστεί σε ποσότητα.

Ρίξτε με κουταλιές σε βαθύ λίπος. τηγανίζουμε μέχρι να ροδίσουν. Σερβίρετε είτε ζεστό είτε κρύο

42. **Τηγάνι λαγκουστίνης και μπανάνας**

Απόδοση: 1 μερίδα

Συστατικό

- 4 παχουλές λαγκουστίνες

- 1 μπανάνα

- 8 ουγγιές   κορν φλάουρ

- 8 ουγγιές απλό αλεύρι

- 1 ουγγιά Μπέικιν πάουντερ

- 3 $\frac{1}{2}$ κουταλιά της σούπας κέτσαπ ντομάτα

- $\frac{1}{4}$ πίντα ξύδι

- Αλατοπίπερο

Σε ένα μπολ βάζουμε το κορν φλάουρ, το αλεύρι, το αλάτι και το πιπέρι. Προσθέστε την κέτσαπ και το ξύδι και χτυπήστε μέχρι να γίνει μια λεία πάστα. Προσθέστε το μπέικιν πάουντερ.

Ζεσταίνουμε ένα τηγάνι ή μια ηλεκτρική φριτέζα στους 175-180C.

Ξεφλουδίστε τις λαγκουστίνες και καθαρίστε τα έντερα. Χωρίστε τα λαγκουστίνες και τοποθετήστε ένα κομμάτι μπανάνας στο κέντρο. Στερεώστε μαζί με ένα ραβδί για κοκτέιλ. Βουτήξτε στο κουρκούτι και τηγανίστε.

43. Τηγανίτες ροδάκινου σε κονσέρβα

Απόδοση: 4 -5 μερίδες

Συστατικό

- 1 κουτί (29 oz) ροδάκινα σε φέτες
- 1 φλιτζάνι αλεύρι κοσκινισμένο ΠΡΙΝ τη μέτρηση
- ½ κουταλάκι του γλυκού Αλάτι
- 1 κουταλάκι του γλυκού Μπέικιν πάουντερ
- 2 αυγά? χτυπημένος
- 1 κουταλιά της σούπας λιωμένο λίτρο
- ½ φλιτζάνι πλήρες γάλα
- Φυτικό λάδι

Στραγγίζουμε τα ροδάκινα και πασπαλίζουμε ελαφρά με το αλεύρι. Κοσκινίζουμε το αλεύρι με το αλάτι και το μπέικιν πάουντερ. Προσθέτουμε τα αυγά καλά χτυπημένα, το λιωμένο λίτρο και το γάλα. Ανακατέψτε καλά.

Με ένα πιρούνι με μακριές λαβές, βυθίστε τα φρούτα στη ζύμη. Αφήστε το περιττό κουρκούτι να στραγγίξει.

Χαμηλώνουμε τα φρούτα σε καυτό λάδι (375) και τηγανίζουμε για 2-3 λεπτά ή μέχρι να ροδίσουν

Στραγγίζουμε σε απορροφητικό χαρτί. Πασπαλίζουμε με ζάχαρη άχνη.

44. Τηγανίτες ανανά Καραϊβικής

Απόδοση: 1 μερίδα

Συστατικό

- 2 φλιτζάνια φρέσκος ανανάς? κομμένο σε κομμάτια

- 1 πιπεριά τσίλι Habanero; σπόροι και κιμάς

- 5 Σχοινόπρασο; ψιλοκομμένο

- 1 κρεμμύδι? κιμάς

- 2 σκελίδες σκόρδο? πουρέ & κιμά

- 8 Πράσινα κρεμμύδια? κιμάς

- $\frac{1}{2}$ κουταλάκι του γλυκού Κουρκουμά

- 1 $\frac{1}{4}$ φλιτζάνι Αλεύρι

- $\frac{1}{2}$ φλιτζάνι γάλα? ή περισσότερο

- $\frac{1}{2}$ φλιτζάνι Φυτικό λάδι? για τηγάνισμα

- 2 αυγα; χτυπημένος

- Αλατοπίπερο

- Δαχτυλίδια ανανά? για γαρνιτούρα

Ανακατέψτε τα πρώτα επτά συστατικά. αφήνω στην άκρη.

Ανακατεύουμε το αλεύρι, το γάλα, τα αυγά και το αλατοπίπερο μαζί και τα χτυπάμε καλά με ένα ηλεκτρικό μίξερ. Μετά από 4 ώρες, ενώνουμε τα φρούτα με το κουρκούτι.

Ζεσταίνουμε το φυτικό λάδι σε ένα βαθύ τηγάνι. Ρίξτε τη ζύμη με κουταλιές και τηγανίστε για περίπου 5 λεπτά ή μέχρι να ροδίσουν.

Αφαιρούμε τις τηγανητές και τις στραγγίζουμε σε απορροφητικό χαρτί. Σερβίρετε κρύο

45. Τηγανίτες σαμπούκου

Απόδοση: 4 Μερίδες

Συστατικό

- 200 γραμμάρια αλεύρι (1 3/4 φλιτζάνι)

- 2 αυγα

- $\frac{1}{8}$ λίτρο Γάλα (1/2 φλιτζάνι συν 1/2 κ.γ.)

- Μικρή πρέζα αλάτι

- 16   Ο σαμπούκος ανθίζει με μίσχους

- Ζάχαρη για ξεσκόνισμα

- 750 γραμμάρια λαρδί ή λίτρο για τηγάνισμα

Με ένα σύρμα ανακατεύουμε το αλεύρι, τα αυγά, το αλάτι και το γάλα σε ένα κουρκούτι για τηγανίτες. Ξεπλύνετε τα άνθη του σαμπούκου αρκετές φορές και στη συνέχεια στεγνώστε τα με χαρτοπετσέτα.

Βουτήξτε για λίγο τα άνθη στη ζύμη και στη συνέχεια τηγανίστε μέχρι να ροδίσουν. Πασπαλίζουμε με ζάχαρη και σερβίρουμε.

46. Τηγανίτες φρούτων και λαχανικών

Απόδοση: 1 μερίδα

Συστατικό

- 1 φλιτζάνι αλεύρι για όλες τις χρήσεις

- 1 κουταλάκι του γλυκού Μπέικιν πάουντερ

- 14 κουταλάκια του γλυκού Αλάτι

- 2 μεγάλα αυγά

- 2 κουταλάκια του γλυκού Ζάχαρη

- ⅔ φλιτζάνι γάλα

- 1 κουταλάκι του γλυκού λάδι σαλάτας

- $\frac{1}{2}$ κουταλάκι του γλυκού χυμό λεμονιού

- Ανάμικτα φρούτα

- Ανάμεικτα λαχανικά

Κοσκινίζουμε το αλεύρι, το μπέικιν πάουντερ και το αλάτι μαζί. Χτυπάμε τα αυγά μέχρι να γίνουν ελαφριά και αφράτα.

Προσθέστε ζάχαρη, γάλα, λάδι και λίγο χυμό λεμονιού. προσθέτουμε το μείγμα του αλευριού και ανακατεύουμε μόνο αρκετή ώρα ώστε να υγρανθεί. Προσθέστε λίγη κανέλα στο αλεύρι όταν φτιάχνετε τηγανητές φρούτων.

ΦΡΟΥΤΑ: Μήλα: Ξεφλουδίστε, ξεφλουδίστε και κόψτε σε φέτες $\frac{1}{2}$ ίντσας. Μπανάνες: Κόβουμε σε κομμάτια και πασπαλίζουμε με χυμό λεμονιού και ζάχαρη. Χρησιμοποιήστε κονσερβοποιημένα ροδάκινα, ανανά κ.λπ. στραγγίζοντας. πασπαλίζουμε πολύ ελαφρά με αλεύρι πριν τα βουτήξουμε στη ζύμη.

ΛΑΧΑΝΙΚΑ: Κόψτε σε ίσα κομμάτια για να διατηρήσετε περίπου τον ίδιο χρόνο τηγανίσματος.

Ζεσταίνουμε το λάδι σε βαθύ τηγάνι και μαγειρεύουμε τις τηγανίτες μέχρι να ροδίσουν απαλά και μετά τις στραγγίζουμε σε απορροφητικό χαρτί.

47. Τηγανίτες φρούτων με σάλτσα λεμονιού-μπουρμπόν

Απόδοση: 32 Μερίδες

Συστατικό

- $\frac{3}{4}$ φλιτζάνι Αλεύρι, για όλες τις χρήσεις
- $\frac{1}{2}$ κουταλάκι του γλυκού Μπέικιν πάουντερ
- 1 αυγό, χτυπημένο
- 1 κουταλιά της σούπας βούτυρο ή μαργαρίνη, λιωμένη
- ⅓ φλιτζάνι Ζάχαρη
- 1 κουταλιά της σούπας άμυλο καλαμποκιού
- $\frac{3}{4}$ φλιτζάνι Νερό
- 2 κουταλιές της σούπας βούτυρο ή μαργαρίνη
- 1 κουταλάκι του γλυκού Βανίλια
- 4 μήλα, 4 αχλάδια, 4 μπανάνες

- $\frac{1}{4}$ φλιτζάνι Bourbon

- Φλούδα λεμονιού & 4 κουταλάκια χυμό λεμονιού

Κοσκινίζουμε μαζί το αλεύρι, τη ζάχαρη και το μπέικιν πάουντερ.

Συνδυάστε αυγό, νερό, βούτυρο και βανίλια. ανακατεύουμε σε στεγνά υλικά μέχρι να ομογενοποιηθούν.

Βουτήξτε τη φέτα φρούτων στο κουρκούτι. ρίχνουμε σε καυτό λάδι και τηγανίζουμε μέχρι να ροδίσουν και από τις δύο πλευρές.

ΣΑΛΤΣΑ ΛΕΜΟΝΙ-ΜΠΟΥΡΜΠΟΝ: Συνδυάστε τη ζάχαρη και το καλαμποκάλευρο σε μια μικρή κατσαρόλα. ανακατεύουμε με νερό. Μαγειρέψτε, ανακατεύοντας συνεχώς, μέχρι το μείγμα να βράσει και να πήξει. Ανακατεύουμε με το βούτυρο. Προσθέστε μπέρμπον, φλούδα λεμονιού και χυμό. Ανακατέψτε καλά.

48. Βόρειος κατάσκοπος τηγανητές μήλων

Απόδοση: 15 Μερίδες

Συστατικό

- $\frac{3}{4}$ φλιτζάνι κίτρινο καλαμποκάλευρο

- $\frac{1}{2}$ φλιτζάνι αλεύρι για όλες τις χρήσεις

- 2 κουταλιές της σούπας Μπέικιν πάουντερ

- 6 κουταλιές της σούπας Ζάχαρη

- 1 πρέζα αλάτι

- 1 Αυγό

- $\frac{1}{2}$ φλιτζάνι Γάλα

- $1\frac{1}{2}$ φλιτζάνι φυτικό λάδι για το τηγάνισμα

- 1 μήλο Northern Spy, ξεφλουδισμένο

- 2 κουταλιές της σούπας Φυτικό λάδι

- Ζάχαρη ζαχαροπλαστικής για γαρνίρισμα

Συνδυάστε όλα τα ξηρά υλικά εκτός από τη ζάχαρη ζαχαροπλαστικής

Προσθέστε υγρά συστατικά (εκτός από $1\frac{1}{2}$ φλιτζάνι λάδι) ένα κάθε φορά, ανακατεύοντας μεταξύ των προσθηκών. Ανακατεύουμε στο μήλο. Αφήστε το κουρκούτι να καθίσει για 10 λεπτά.

Ζεσταίνουμε το λάδι μέχρι να ραγίσει, όχι στο σημείο καπνίσματος. Ρίξτε το κουρκούτι στο λάδι και αφαιρέστε το σε χαρτί κουζίνας όταν ροδίσει.

Πασπαλίζουμε με ζάχαρη ζαχαροπλαστικής και σερβίρουμε.

49. Τηγανίτες μπανάνας ανανά

Απόδοση: 1 μερίδα

Συστατικό

- 1 ⅓ φλιτζάνι αλεύρι για όλες τις χρήσεις

- 1 ½ κουταλάκι του γλυκού μπέικιν πάουντερ διπλής δράσης

- 3 κουταλιές της σούπας κρυσταλλική ζάχαρη

- 1 κουταλάκι του γλυκού τριμμένο τζίντζερ

- ¾ φλιτζάνι ψιλοκομμένος φρέσκος ανανάς. στραγγισμένο

- ¾ φλιτζάνι ψιλοκομμένη μπανάνα

- ½ φλιτζάνι Γάλα

- 1 μεγάλο αυγό? χτυπημένο ελαφρά

- Φυτικό λάδι για τηγάνισμα

- Ζάχαρη ζαχαροπλαστικής για το ξεσκόνισμα των

Κοσκινίζουμε μαζί το αλεύρι, το μπέικιν πάουντερ, την κρυσταλλική ζάχαρη, το τζίντζερ και μια πρέζα αλάτι.

Σε ένα μπολ ανακατεύουμε καλά τον ανανά, την μπανάνα, το γάλα και το αυγό, προσθέτουμε το μείγμα του αλευριού και ανακατεύουμε το κουρκούτι μέχρι να ομογενοποιηθεί.

Ρίχνουμε το κουρκούτι με κουταλιές της σούπας στο λάδι σε παρτίδες και τηγανίζουμε τις τηγανίτες, γυρίζοντάς τις, για 1 έως 1 ½ λεπτό ή μέχρι να ροδίσουν.

Μεταφέρουμε τις τηγανητές με τρυπητή κουτάλα σε απορροφητικό χαρτί να στραγγίξουν και κοσκινίζουμε από πάνω τη ζάχαρη των ζαχαρωτών.

50.   Τηγανίτες αχλαδιού ποσέ

Απόδοση: 1 μερίδα

Συστατικό

- 1 Συνταγή Παραδοσιακά Μπισκότα Βουτυρογάλακτος

- Φυτικό λάδι

- 1 θύρα φιάλης

- 1 φλιτζάνι Νερό

- 1 ξυλάκι κανέλας

- 3 ολόκληρα γαρίφαλα

- $\frac{1}{2}$ κουταλάκι του γλυκού μοσχοκάρυδο

- 1 πρέζα Mace

- 4 Αχλάδια; ξεφλουδισμένα

Βάζουμε τα υλικά σε μια κατσαρόλα και τα αφήνουμε να πάρουν μια βράση προσθέτουμε τα αχλάδια. Βράζετε μέχρι τα αχλάδια να γίνουν ποσέ για 15 με 20 λεπτά.

Μόλις κρυώσουν, αφαιρούμε τα αχλάδια και σουρώνουμε τα υγρά, τα ξαναβάζουμε στην κατσαρόλα και τα αφήνουμε να βράσουν. Μειώστε στο μισό και κατεβάστε από τη φωτιά. Κόβουμε τα αχλάδια στα τέσσερα, αφαιρώντας τους σπόρους.

Τυλίξτε τη ζύμη δύο φορές σε μήκος από το πλάτος των αχλαδιών και όσο μπορείτε να έχετε πάχος $\frac{1}{8}$- έως $\frac{1}{4}$ ίντσας. Τοποθετήστε τα αχλάδια στη ζύμη, διπλώστε τη ζύμη από πάνω και κόψτε με ένα τροχό ζαχαροπλαστικής. Επαναλάβετε μέχρι να χρησιμοποιηθούν όλα τα αχλάδια και η ζύμη.

Ψήστε τα μπισκότα.

ΘΑΛΑΣΣΙΑΚΕΣ ΣΠΟΥΔΕΣ

51. Τηγανίτες γατόψαρου

Απόδοση: 8 Μερίδες

Συστατικό

- $1\frac{1}{2}$ φλιτζάνι Αλεύρι για όλες τις χρήσεις

- 1 κουταλάκι αλάτι πιπέρι

- 2 μέτρια αυγά

- 3 κουταλιές της σούπας βούτυρο, ανάλατο. λιωμένο, δροσερό

- 1 φλιτζάνι γάλα, πλήρες

- $\frac{1}{2}$ κιλά αλάτι μπακαλιάρος

- 1 κάθε πιπεριά, καυτερή? σπαρμένος

- 2 το κάθε κρεμμύδι. ψιλοκομμένο

- 1 κάθε σκελίδα σκόρδο? συνθλίβονται

- 1 κουταλιά της σούπας μαϊντανός? ψιλοκομμένο

- $\frac{1}{2}$ κουταλάκι του γλυκού Θυμάρι

- 1 κάθε μούρο μπαχάρι? έδαφος

Κοσκινίζουμε το αλεύρι και το αλάτι σε ένα μπολ. Χτυπάμε τα αυγά με το βούτυρο και τα προσθέτουμε στο μείγμα του αλευριού. Προσθέστε το γάλα σταδιακά, ανακατεύοντας μόνο για να αναμειχθεί. Προσθέστε περισσότερο γάλα εάν το κουρκούτι είναι πολύ σκληρό.

Τρίψτε το ψάρι στο γουδί με την καυτερή πιπεριά

Προσθέστε το κρεμμύδι, το σκόρδο, το μαϊντανό, το θυμάρι, το μπαχάρι και το μαύρο πιπέρι για γεύση. Ανακατεύουμε σε κουρκούτι

Ζεσταίνουμε το λάδι και τηγανίζουμε το μείγμα μαζεύοντας κουταλιές της σούπας μέχρι να ροδίσει.

52.   Τηγανίτες μπακαλιάρου

Απόδοση: 14 τηγανίτες

Συστατικό

- $\frac{1}{2}$ κιλά μπακαλιάρος αποξηραμένο αλάτι, μαγειρεμένο & ψιλοκομμένο

- Φυτικό λάδι για βαθύ τηγάνισμα

- $1\frac{1}{2}$ φλιτζάνι αλεύρι για όλες τις χρήσεις χωρίς κοσκινισμένο

- $\frac{1}{2}$ κουταλάκι του γλυκού Μπέικιν πάουντερ

- $\frac{1}{2}$ κουταλάκι του γλυκού τριμμένο μαύρο πιπέρι

- $\frac{1}{4}$ κουταλάκι του γλυκού Αλάτι

- 2 μεγάλα ασπράδια αυγών

- 2 σκελίδες σκόρδο, λιωμένες

- 2 κουταλιές της σούπας ψιλοκομμένα φύλλα φρέσκου κόλιανδρου

Σε μεγάλο μπολ ανακατεύουμε το αλεύρι, το μπέικιν πάουντερ, το τριμμένο μαύρο πιπέρι και το αλάτι.

Σε ένα μικρό μπολ, χτυπήστε τα ασπράδια αυγών μέχρι να αφρατέψουν και προσθέστε τα χτυπημένα ασπράδια και το μείγμα νερού στο αλεύρι για να δημιουργήσετε μια ζύμη. Προσθέστε ψιλοκομμένο αλάτι μπακαλιάρο, σκόρδο και ψιλοκομμένα φύλλα φρέσκου κόλιανδρου. ανακατεύουμε μέχρι να ενωθούν καλά.

Σε παρτίδες, ρίξτε γεμάτες κουταλιές της σούπας κουρκούτι σε καυτό λάδι και τηγανίστε για 12 λεπτά.

Στραγγίζουμε σε απορροφητικό χαρτί και σερβίρουμε ζεστό στο πιάτο σερβιρίσματος. γαρνίρουμε με κόλιαντρο.

53. Τηγανίτες από ψάρι και καβούρι

Απόδοση: 1 μερίδα

Συστατικό

- 12 ουγγιές φρέσκος ή κατεψυγμένος μπακαλιάρος

- 6 ουγγιές   απομίμηση κρέατος καβουριού

- 2 αυγά? χτυπημένος

- 1/2 φλιτζάνι αλεύρι

- 1 Πράσινο κρεμμύδι? ψιλοκομμένο

- $\frac{1}{2}$ κουταλάκι του γλυκού φλούδα λεμονιού ψιλοκομμένη

- 1 κουταλάκι χυμό λεμονιού

- 1 σκελίδες σκόρδο? συνθλίβονται

- $\frac{1}{4}$ κουταλάκι του γλυκού Αλάτι

- $\frac{1}{2}$ κουταλάκι του γλυκού πιπέρι

- Μαγειρικό λάδι

Σε ένα δοχείο μπλέντερ ή μπολ του επεξεργαστή τροφίμων, ανακατεύουμε το καβούρι ψαριού, τα αυγά, το αλεύρι, το κρεμμύδι, τη φλούδα λεμονιού, το χυμό λεμονιού, το σκόρδο, αλάτι και πιπέρι. Καλύψτε και ανακατέψτε μέχρι να ομογενοποιηθούν.

Λαδώνουμε ελαφρά το τηγάνι και ζεσταίνουμε

Ρίξτε περίπου $\frac{1}{4}$ φλιτζάνι ζύμη στο τηγάνι και απλώστε σε ένα μπιφτέκι διαμέτρου 3 ιντσών

Μαγειρέψτε 3 λεπτά ανά πλευρά ή μέχρι να ροδίσουν

54. Τηγανίτες αχιβάδας μπακαλιάρου και καλαμποκιού

Απόδοση: 1 μερίδα

Συστατικό

- 2 αυγά, καλά χτυπημένα

- $\frac{1}{4}$ φλιτζάνι υγρό αχιβάδας

- $\frac{1}{4}$ φλιτζάνι Γάλα

- 1 κουταλιά της σούπας Λάδι

- 1 $\frac{1}{2}$ φλιτζάνι Αλεύρι

- 1 κουταλάκι του γλυκού Μπέικιν πάουντερ Αλάτι για γεύση

- 1 φλιτζάνι καλαμπόκι από πυρήνα καλά στραγγισμένο

- $\frac{1}{2}$ φλιτζάνι μύδια καλά στραγγισμένα

Χτυπήστε τα αυγά? προσθέτουμε το γάλα, το υγρό αχιβάδας, το λάδι και χτυπάμε μέχρι να ομογενοποιηθούν καλά.

Προσθέστε το αλεύρι, το μπέικιν πάουντερ και το αλάτι για γεύση. Χτυπάμε μέχρι να αναμειχθούν καλά. Προσθέστε το καλαμπόκι και τις αχιβάδες. Ρίξτε με καλά στρογγυλεμένες κουταλιές της σούπας σε καυτό λάδι. Μαγειρέψτε μέχρι να ροδίσουν και από τις δύο πλευρές. Στραγγίζουμε σε απορροφητικό χαρτί.

55. Τηγανίτες με βούκινο

Απόδοση: 50 Μερίδες

Συστατικό

- 2 λίβρες   Conch, ψιλοκομμένο
- 1 φλιτζάνι χυμό λάιμ
- ¼ φλιτζάνι ελαιόλαδο
- 1 πράσινη πιπεριά
- 1 Κόκκινη πιπεριά
- 1 μεγάλο κρεμμύδι, ψιλοκομμένο
- 4 αυγά χτυπημένα
- 2 φλιτζάνια Αλεύρι
- 1 κουταλάκι του γλυκού Αλάτι
- 1 κουταλάκι του γλυκού καρύκευμα Cajun
- 6 παύλες   σάλτσα ταμπάσκο

- 3 κουταλάκια του γλυκού Μπέικιν πάουντερ

- 5 κουταλιές της σούπας Μαργαρίνη, λιωμένη

- Φυτικό λάδι για τηγάνισμα

Βάλτε στην αγορά ψαριών το βούκινο μέσω του τρυφεροποιητή. Μαρινάρετε την κόγχη σε 1 φλιτζάνι χυμό λάιμ και $\frac{1}{4}$ φλιτζάνι ελαιόλαδο για τουλάχιστον 30 λεπτά. διοχετεύω.

Ανακατεύουμε όλα τα υλικά μαζί. Τηγανίζουμε σε Καυτό φυτικό λάδι μέχρι να ροδίσουν, περίπου 3-5 λεπτά. Σερβίρετε με κόκκινη σάλτσα κοκτέιλ ή σάλτσα ταρτάρ.

56.   Τηγανίτες αχιβάδας σε κονσέρβα

Απόδοση: 12 Μερίδες

Συστατικό

- 1 αυγό? καλά χτυπημένος
- ½ κουταλάκι του γλυκού Αλάτι
- ⅛ κουταλάκι του γλυκού μαύρο πιπέρι
- ⅔ φλιτζάνι αλεύρι λευκού σίτου
- 1 κουταλάκι του γλυκού Μπέικιν πάουντερ
- ¼ φλιτζάνι Ζωμός αχιβάδας ή γάλα σε κονσέρβα
- 1 κουταλιά της σούπας βούτυρο? λειωμένο
- 1 φλιτζάνι κιμάς κονσέρβας μύδια? στραγγισμένο
- Λάδι ή βούτυρο κλαριφ
- ¼ φλιτζάνι κρέμα γάλακτος ή γιαούρτι

- 1 κουταλάκι του γλυκού Άνηθος; εστραγκόν ή θυμάρι

Ανακατεύουμε απαλά όλα τα υλικά μαζί, προσθέτοντας τελευταία τις αχιβάδες. Ρίξτε 2 γεμάτες κουταλιές της σούπας ανά τηγανιτό σε ένα ζεστό λαδωμένο ταψί ή σιδερένιο τηγάνι.

Όταν σπάσουν οι φυσαλίδες, γυρίστε τις τηγανητές.

Σερβίρετε ζεστό με μια κούκλα κρέμα γάλακτος, γιαούρτι ή σάλτσα ταρτάρ.

57. Τηγανίτες με καβούρι και αβοκάντο

Απόδοση: 4 Μερίδες

Συστατικό

- 2 λίβρες   καβούρι

- Αλας

- 1 φλιτζάνι φρέσκα κρεμμυδάκια κομμένα σε κύβους

- $\frac{1}{4}$ φλιτζάνι τριμμένη φρυγανιά ξερή

- 1 μέτριο αβοκάντο, ξεφλουδισμένο και κομμένο

- Αραβοσιτέλαιο για τηγάνισμα

- Αλεύρι για όλες τις χρήσεις

- Πράσινο κρεμμύδι ψιλοκομμένο

- 2 αυγα

- $\frac{1}{2}$ φλιτζάνι ζεστή σάλσα τσίλι

Συνδυάστε καβούρι, 1 γ φρέσκα κρεμμυδάκια και αβοκάντο σε μεγάλο μπολ.

Ανακατέψτε αυγά, σάλσα και αλάτι. προσθέστε στο καβούρι. Ανακατεύουμε σε τριμμένη φρυγανιά. Πλάθετε το μείγμα σε μπάλες $1\frac{1}{2}$ ίντσας.

Ρίξτε λάδι σε μεγάλο τηγάνι σε βάθος 3 ιντσών.

Ζεσταίνουμε στους 350 βαθμούς

Πασπαλίζουμε τηγανητές με αλεύρι. Προσεκτικά αλείφετε με λάδι σε παρτίδες (μην γεμίσετε) και μαγειρέψτε μέχρι να ροδίσει, περίπου 2 λεπτά ανά πλευρά.

Στραγγίζουμε σε απορροφητικό χαρτί. Μεταφέρετε στο έτοιμο φύλλο και κρατήστε το ζεστό στο φούρνο μέχρι να ψηθούν όλα. Γαρνίρουμε με πράσινα κρεμμυδάκια και σερβίρουμε αμέσως

58. Τηγανίτες καραβίδας

Απόδοση: 6 Μερίδες

Συστατικό

- 1 φλιτζάνι ουρές καραβίδας

- $\frac{1}{4}$ φλιτζανιού Pimientos, ψιλοκομμένο

- $\frac{1}{4}$ φλιτζανιού Πράσινα κρεμμυδάκια, ψιλοκομμένα

- 2 κούπες Αλεύρι

- 1 κουταλάκι του γλυκού μαγειρική σόδα

- $\frac{1}{2}$ κουταλάκι του γλυκού Αλάτι

- $\frac{1}{2}$ κουταλάκι του γλυκού Υγρό βράσιμο καβουριού

- $\frac{1}{2}$ φλιτζάνι Ζωμό ή νερό

- Λάδι για τηγάνισμα

Προσθέστε pimientos και πράσινα κρεμμυδάκια στις καραβίδες. Κοσκινίζουμε το αλεύρι, τη σόδα και το αλάτι μαζί και τα προσθέτουμε στις καραβίδες. Προσθέστε ζωμό ή νερό και ανακατέψτε για να γίνει ένα πηχτό κουρκούτι. Σκεπάζουμε και αφήνουμε να ξεκουραστεί για μισή ώρα.

Ρίχνουμε τη ζύμη μια κουταλιά και τηγανίζουμε μέχρι να ροδίσει

59.　Τηγανίτες αχιβάδας

Απόδοση: 4 Μερίδες

Συστατικό

- 1 πίντα Μύδια

- 1 κουταλιά της σούπας Μπέικιν πάουντερ

- 1 $\frac{1}{2}$ κουταλάκι του γλυκού Αλάτι

- 1 φλιτζάνι Γάλα

- 1 κουταλιά της σούπας Βούτυρο

- 1$\frac{3}{4}$ φλιτζάνι Αλεύρι, για όλες τις χρήσεις

- 1 κουταλάκι του γλυκού Μαϊντανός, ψιλοκομμένος

- 2 αυγά χτυπημένα

- 2 κουταλάκια του γλυκού Κρεμμύδι, τριμμένο

Συνδυάστε τα ξηρά συστατικά. Συνδυάστε τα αυγά, το γάλα, το κρεμμύδι, το βούτυρο και τα μύδια. Ανακατεύουμε με τα ξηρά υλικά και ανακατεύουμε μέχρι να ομογενοποιηθούν. Ρίξτε τη ζύμη χρησιμοποιώντας κουταλάκια του γλυκού σε ζεστό λίπος στους 350 βαθμούς F και τηγανίστε για 3 λεπτά ή μέχρι να ροδίσει.

Στραγγίζουμε σε απορροφητικό χαρτί.

60. Τηγανίτες γαρίδας καλαμποκιού Ινδονησίας

Απόδοση: 6 Μερίδες

Συστατικό

- 3 στάχυα ξυμένα & χοντροκομμένα

- ½ κιλά γαρίδες μέτριες χωρίς κέλυφος και αποφλοίωση,

- 1 κουταλάκι του γλυκού ψιλοκομμένο σκόρδο

- ½ φλιτζάνι ψιλοκομμένα ασκαλώνια ή: Πράσινα κρεμμυδάκια

- 1 κουταλάκι του γλυκού Αλεσμένος κόλιανδρος

- ¼ κουταλάκι του γλυκού αλεσμένο κύμινο

- 2 κουταλιές της σούπας ψιλοκομμένα φύλλα κόλιανδρου

- 2 κουταλιές της σούπας   Αλεύρι

- 1 κουταλάκι του γλυκού Αλάτι

- 2 αυγά χτυπημένα

- Φιστικέλαιο ή φυτικό λάδι για τηγάνισμα

- σάλτσα τσίλι για βούτηγμα

ΣΕ ΕΝΑ ΜΕΓΑΛΟ ΜΠΟΛ ανακατεύουμε το καλαμπόκι, τις γαρίδες, το σκόρδο, τα φρέσκα κρεμμυδάκια, τον αλεσμένο κόλιανδρο, το κύμινο, τα φύλλα κόλιανδρου, το αλεύρι, το αλάτι και τα αυγά. Ζεσταίνουμε ένα λεπτό στρώμα λαδιού σε ένα τηγάνι σε μέτρια προς δυνατή φωτιά. Ρίξτε $\frac{1}{4}$ φλιτζάνι μείγμα καλαμποκιού στο τηγάνι. Προσθέστε όσες χωράνε στο τηγάνι με απόσταση $\frac{1}{2}$ ίντσας μεταξύ των τηγανητών.

Τηγανίζουμε μέχρι να ροδίσουν και να γίνουν τραγανά. στροφή. Μαγειρέψτε περίπου 1 λεπτό από κάθε πλευρά. Αφαιρούμε και στραγγίζουμε σε απορροφητικό χαρτί. Διατηρήστε το ζεστό ενώ τηγανίζετε τις υπόλοιπες τηγανίτες.

61. Ιταλικές τηγανητές κολοκυθάκια σπαγγέτι

Απόδοση: 4 Μερίδες

Συστατικό

- 2 Αυγά

- ½ φλιτζάνι Μέρος άπαχο τυρί ρικότα

- 1 ουγγιά τριμμένη παρμεζάνα

- 3 κουταλιές της σούπας Αλεύρι

- ½ κουταλάκι του γλυκού Μπέικιν πάουντερ

- 2 κουταλάκια του γλυκού Λαχανικά. λάδι

- ⅛ κουταλάκι του γλυκού σκόνη σκόρδου

- ½ κουταλάκι του γλυκού αποξηραμένη ρίγανη

- ¼ κουταλάκι του γλυκού αποξηραμένος βασιλικός

- 1 κουταλιά της σούπας νιφάδες κρεμμυδιού κιμά

- 2 φλιτζάνια μαγειρεμένα μακαρόνια

Στο δοχείο του μπλέντερ, ανακατεύουμε όλα τα υλικά, εκτός από τα μακαρόνια. Ανακατεύουμε μέχρι να ομογενοποιηθούν. Προσθέστε τα μακαρόνια

Ρίξτε το μείγμα σε ένα προθερμασμένο αντικολλητικό τηγάνι ή ταψί ψεκασμένο με Pam. Μαγειρέψτε σε μέτρια φωτιά μέχρι να ροδίσουν και από τις δύο πλευρές, γυρίζοντας προσεκτικά.

ΣΑΛΤΣΑ: Συνδυάστε ένα κουτάκι 8 ουγκιών σάλτσα ντομάτας, $\frac{1}{4}$ κουταλάκι του γλυκού αποξηραμένη ρίγανη, $\frac{1}{8}$ κουταλάκι του γλυκού σκόρδο σε σκόνη, $\frac{1}{4}$ κουταλάκι του γλυκού αποξηραμένο βασιλικό σε μια μικρή κατσαρόλα. Ζεσταίνουμε μέχρι να ζεσταθεί και να αφρατέψει

Σερβίρουμε πάνω από τηγανίτες.

62. Τηγανίτες αστακού

Απόδοση: 1 μερίδα

Συστατικό

- 1 φλιτζάνι Αστακός ψιλοκομμένος
- 2 αυγα
- ½ φλιτζάνι Γάλα
- 1 ¼ φλιτζάνι Αλεύρι
- 2 κουταλάκια του γλυκού Μπέικιν πάουντερ
- Αλάτι και πιπέρι για να γευτείς

Ζεσταίνουμε βαθύ λίπος μέχρι να ροδίσει ένας κύβος ψωμιού σε εξήντα δευτερόλεπτα. Όσο ζεσταίνεται το λίπος, χτυπάμε τα αυγά μέχρι να ελαφρύνουν. Προσθέτουμε το γάλα και το αλεύρι κοσκινισμένο με το μπέικιν πάουντερ, αλάτι & πιπέρι και μετά ρίχνουμε τον ψιλοκομμένο αστακό.

Ρίξτε μικρές κουταλιές σε λίπος, τηγανίστε μέχρι να ροδίσει. Στραγγίζουμε σε καφέ χαρτί σε ζεστό φούρνο. Σερβίρουμε με γρήγορη σάλτσα λεμονιού.

63. Τηγανίτες με μύδια με σάλσα

Απόδοση: 4 Μερίδες

Συστατικό

- 8 Πράσινα μύδια με κέλυφος. έξω από το κέλυφος

- 6 μεγάλα αυγά? ελαφρώς χτυπημένα

- 50 χιλιοστόλιτρα Διπλή κρέμα

- 10 χιλιοστόλιτρα ψαρόπαστα

- 2 κουταλιές της σούπας πολέντα

- 50 γραμμάρια φρέσκα κρεμμυδάκια? κομμένο φέτες

- 400 γραμμάρια Kumera; βρασμένο και μετά ξεφλουδισμένο

- 1 μικρό κόκκινο κρεμμύδι? ξεφλουδισμένα και κομμένα σε φέτες

- 20 χιλιοστόλιτρα φρέσκος χυμός λάιμ

- 2 Nashi; ο πυρήνας αφαιρέθηκε και

- 30 χιλιοστόλιτρα Εξαιρετικό παρθένο ελαιόλαδο

Κόβουμε τα μύδια σε τέταρτα και τα ανακατεύουμε σε ένα μπολ με τα αυγά, την κρέμα γάλακτος, το nam pla, την πολέντα και το μισό φρέσκο κρεμμυδάκι. Τέλος ανακατεύουμε την κουμέρα.

Ανακατεύουμε όλα τα υπόλοιπα υλικά για να φτιάξουμε τη σάλτσα, συμπεριλαμβανομένων των υπόλοιπων φρέσκων κρεμμυδιών, και αφήνουμε να σταθούν για 30 λεπτά.

Ζεσταίνουμε ένα τηγάνι και αλείφουμε με λάδι και στη συνέχεια κάνουμε είτε 4 μεγάλες είτε 8 μικρές τηγανίτες. Μαγειρέψτε μέχρι να ροδίσει από τη μια πλευρά και στη συνέχεια γυρίστε και ψήστε την άλλη πλευρά.

64. Τηγανίτες χταποδιού

Απόδοση: 8 Μερίδες

Συστατικά:

- 2 χταπόδι περίπου 1 1/2 pounds το καθένα

- 1 κουταλάκι του γλυκού Αλάτι

- 2 λίτρα   Νερό

- 2 λίτρα   παγωμένο νερό με πάγο

- 2 μέτρια κρεμμύδια, καθαρισμένα και ψιλοκομμένα

- 2 αυγά χτυπημένα

- 1 φλιτζάνι αλεύρι ή περισσότερο όσο χρειάζεται

- Αλάτι και πιπέρι για να γευτείς

- Λάδι για τηγάνισμα

Ρίξτε το χταπόδι σε ένα μεγάλο βραστήρα με αλατισμένο νερό που βράζει γρήγορα.

Μαγειρέψτε σε μέτρια προς δυνατή φωτιά για περίπου 25 λεπτά. Στραγγίζουμε και βουτάμε σε ένα μπολ γεμάτο με πάγο και παγωμένο νερό. Με ένα χοντρό πινέλο ξύστε τη δράση του μωβ δέρματος. Κόψτε τα πόδια και ψιλοκόψτε.

Πετάξτε τα κεφάλια. Σε ένα μπολ ανακατεύουμε τα κρεμμύδια, τα αυγά, το αλεύρι και το αλατοπίπερο. Προσθέστε το ψιλοκομμένο χταπόδι και ανακατέψτε καλά. Πλάθετε το μείγμα σε επίπεδα μπουρεκάκια 2½ - 3 ιντσών. Ζεσταίνουμε περίπου ½ ίντσα λάδι σε ένα μεγάλο βαρύ τηγάνι και τηγανίζουμε τις τηγανητές χταποδιού μέχρι να ροδίσουν καλά από κάθε πλευρά. Σερβίρετε αμέσως.

65. Τηγανίτη γαρίδας

Απόδοση: 8 Μερίδες

Συστατικό

- $\frac{1}{2}$ φλιτζάνι Γάλα

- $\frac{1}{2}$ φλιτζάνι αλεύρι που φουσκώνει μόνο του

- 1 φλιτζάνι ωμές γαρίδες? ψιλοκομμένο

- 1 φλιτζάνι μαγειρεμένο ρύζι

- 1 Αυγό

- $\frac{1}{2}$ φλιτζάνι Πράσινα κρεμμύδια? ψιλοκομμένο

- Αλάτι & πιπέρι για γεύση

Ανακατεύουμε όλα τα υλικά μαζί. Ρίξτε με ένα κουταλάκι του γλυκού σε καυτό λάδι μαγειρέματος και τηγανίστε σε χρυσαφί χρώμα. Κάνουμε μικρά και σερβίρουμε ως ορεκτικό.

66. Τηγανίτες καλαμποκιού με στρείδια

Απόδοση: 1 μερίδα

Συστατικό

- 2 φλιτζάνια πολτός καλαμποκιού
- 2 αυγά χωρισμένα
- $\frac{1}{4}$ κουταλάκι του γλυκού Πιπέρι
- 2 κουταλιές της σούπας Αλεύρι
- $\frac{1}{2}$ κουταλάκι του γλυκού Αλάτι

Μπορεί να χρησιμοποιηθεί κονσερβοποιημένο ή φρέσκο καλαμπόκι. Στον πολτό του καλαμποκιού προσθέτουμε τους κρόκους αβγών χτυπημένους, το αλεύρι και τα καρυκεύματα. Προσθέστε τα ασπράδια αβγού χτυπημένα σφιχτά και ανακατέψτε.

Ρίξτε κουταλιές σε μέγεθος στρειδιού σε ένα ζεστό βουτυρωμένο τηγάνι και ροδίστε. Πηγή: Pennsylvania Dutch Cook Book -

Fine Old Recipes, Culinary Arts Press, 1936.

67.   Τηγανίτες τόνου

Απόδοση: 3 μερίδες

Συστατικό

- 1 φλιτζάνι Αλεύρι

- 1 κουταλάκι του γλυκού Μπέικιν πάουντερ

- $\frac{1}{2}$ κουταλάκι του γλυκού Αλάτι

- 2 αυγα

- $\frac{1}{4}$ φλιτζάνι Γάλα

- 1 κονσέρβα τόνος, στραγγισμένος και ξεφλουδισμένος

- 6 1/2 ή 7 oz. Μέγεθος

- Αποξηραμένες νιφάδες κρεμμυδιού

- Λάδι για τηγάνισμα

Κοσκινίζουμε το αλεύρι, το μπέικιν πάουντερ και το αλάτι σε ένα μπολ. Χτυπάμε καλά τα αυγά. Χτυπάμε στο γάλα. Συνδυάστε υγρά συστατικά με ξηρά συστατικά.

Ανακατεύουμε μέχρι να υγρανθεί όλο το αλεύρι. Ανακατεύουμε τον τόνο. Ρίξτε με ένα κουταλάκι του γλυκού σε καυτό λάδι, στους 375 βαθμούς. Τηγανίζουμε μέχρι να ροδίσουν από όλες τις πλευρές. Στραγγίζουμε σε απορροφητικό χαρτί.

ΤΥΡΙΑΚΕΣ ΤΥΡΙΑΚΕΣ

68. Τυρίκια Βασιλικής

Απόδοση: 1 μερίδα

Συστατικό

- 4 φέτες ψωμί

- 1 ουγγιά Βούτυρο

- 3 κρεμμύδια

- 4 φέτες γραβιέρα

- Πάπρικα

Τηγανίζουμε το ψωμί ελαφρά και από τις δύο πλευρές με βούτυρο και το απλώνουμε σε ένα ταψί. Ρίχνουμε βραστό νερό πάνω από τα ψιλοκομμένα κρεμμύδια και αφήνουμε για λίγο. Ρίξτε νερό και τηγανίστε τα κρεμμύδια στα υπολείμματα του βουτύρου μέχρι να μαλακώσουν.

Απλώστε τα κρεμμύδια στο ψωμί και καλύψτε κάθε φέτα με μια φέτα τυρί.

Πασπαλίζουμε με πάπρικα και ψήνουμε σε πολύ ζεστό φούρνο (445 βαθμούς F/Gas σημάδι 8) μέχρι να λιώσει το τυρί.
Σερβίρετε αμέσως.

69. Τηγανίτες μυρωδικών με ντιπ βερίκοκου γιαουρτιού

Απόδοση: 6 Μερίδες

Συστατικό

- 3 αυγά? ελαφρώς χτυπημένα

- 150 γραμμάρια μοτσαρέλα; τριμμένο

- 85 γραμμάρια παρμεζάνα φρεσκοτριμμένη

- 125 γραμμάρια φρέσκια φρυγανιά

- $\frac{1}{2}$ Κόκκινο κρεμμύδι? ψιλοκομμένο

- $\frac{1}{4}$ κουταλάκι του γλυκού νιφάδες κόκκινου τσίλι

- 2 κουταλιές της σούπας φρέσκια μαντζουράνα

- 2 κουταλιές της σούπας σχοινόπρασο χοντροκομμένο

- 5 κουταλιές της σούπας μαϊντανό πλατύφυλλο ψιλοκομμένο

- 1 χούφτα φύλλα ρόκας. χοντροκομμένα

- 1 χούφτα φύλλα σπανάκι μωρού. ψιλοκομμένο

- Αλάτι και πιπέρι & ηλιέλαιο

- Ελληνικό γιαούρτι 500 γραμμαρίων

- 12   έτοιμα προς κατανάλωση αποξηραμένα βερίκοκα. ψιλοκομμένο

- 2 σκελίδες σκόρδο & φρέσκο δυόσμο ψιλοκομμένο

Ανακατεύουμε τα υλικά της φριτέζας, εκτός από το λάδι και το βούτυρο, μέχρι να πήξουν και αρκετά στερεά. Δένουμε με τριμμένη φρυγανιά αν είναι υγρή.

Ανακατεύουμε τα υλικά της σάλτσας λίγο πριν τη χρήση. Ρίχνουμε 1 εκ./ $\frac{1}{2}$" λάδι σε ένα τηγάνι, προσθέτουμε το βούτυρο και ζεσταίνουμε μέχρι να μουντώσει.

Πλάθετε τηγανίτες σε σχήμα οβάλ, πιέζοντας σταθερά με το χέρι σας για να συμπιεστούν. Τηγανίζουμε στο λάδι για 2-3 λεπτά μέχρι να ροδίσουν.

70. Τυρίκια Βέρνης

Απόδοση: 1 μερίδα

Συστατικό

- 8 ουγγιές   τριμμένο τυρί γραβιέρα

- 2 αυγα

- $2\frac{1}{2}$ υγρή ουγγιά Γάλα

- 1 κουταλάκι του γλυκού Kirsch

- Λίπος για τηγάνισμα

- 6 φέτες ψωμί

Ανακατεύουμε το τριμμένο τυρί με τους κρόκους των αυγών, το γάλα και το Kirsch. Προσθέστε τα χτυπημένα ασπράδια και απλώστε το μείγμα στο ψωμί.

Ζεσταίνουμε το λίπος σε ένα μεγάλο τηγάνι και βάζουμε το ψωμί με το τυρί προς τα κάτω, σε ζεστό λίπος

Όταν ροδίσουν οι φέτες, γυρίζουμε και τηγανίζουμε για λίγο και από την άλλη πλευρά.

71. Τηγανίτες με φασόλια, καλαμπόκι & τσένταρ

Απόδοση: 5 Μερίδες

Συστατικό

- $\frac{1}{2}$ φλιτζάνι κίτρινο καλαμποκάλευρο

- $\frac{1}{2}$ φλιτζάνι αλεύρι λευκό αλεύρι

- $\frac{1}{2}$ κουταλάκι του γλυκού Μπέικιν πάουντερ

- Dash αλεσμένο κύμινο, καγιέν, αλάτι και σκόνη τσίλι

- $\frac{1}{2}$ φλιτζάνι Γάλα

- 1 κρόκος αυγού & 2 ασπράδια

- 1 φλιτζάνι μαύρα φασόλια? μαγείρευτος

- 1 φλιτζάνι τυρί Sharp Cheddar

- $\frac{1}{2}$ φλιτζάνι φρέσκο καλαμπόκι? ή κατεψυγμένους κόκκους καλαμποκιού

- 2 κουταλιές της σούπας κόλιανδρο; φρέσκος κιμάς

- Κόκκινη πιπεριά & πράσινες πιπεριές τσίλι, Ψητή

Ανακατέψτε μαζί το καλαμποκάλευρο, το αλεύρι, το μπέικιν πάουντερ, το αλάτι, τη σκόνη τσίλι, το κύμινο και το καγιέν σε ένα μεσαίου μεγέθους μπολ.

Χτυπάμε το γάλα με τον κρόκο του αυγού και το προσθέτουμε στα στεγνά υλικά ανακατεύοντας καλά. Ανακατέψτε τα φασόλια, το τυρί, το καλαμπόκι, τον κόλιαντρο, την κόκκινη πιπεριά και τα πράσινα τσίλι. Διπλώστε απαλά τα ασπράδια.

Ζεσταίνουμε το $\frac{1}{2}$ φλιτζάνι λάδι σε ένα τηγάνι 10 ιντσών σε μέτρια προς δυνατή φωτιά. Ρίχνουμε με κουτάλι περίπου $\frac{1}{4}$

φλιτζάνι ζύμη για κάθε τηγανητό και τηγανίζουμε μέχρι να ροδίσει.

72. Τηγανίτες μοτσαρέλα και σπαγγέτι

Απόδοση: 2 μερίδες

Συστατικό

- 2 σκελίδες σκόρδο

- 1 μικρό Ματσάκι φρέσκο μαϊντανό & 3 κρεμμύδια σαλάτα

- 225 γραμμάρια άπαχο χοιρινό κιμά

- Φρεσκοτριμμένη παρμεζάνα & καπνιστή μοτσαρέλα

- 150 γραμμάρια σπαγγέτι ή ταλιατέλες

- 100 χιλιοστόλιτρα Ζεστός μοσχαρίσιος ζωμός

- 400 γραμμάρια κονσέρβας ντομάτες ψιλοκομμένες

- 1 πρέζα ζάχαρη & 1 παύλα σάλτσα σόγιας

- Αλατοπίπερο

- 1 αυγό & 1 κουταλιά της σούπας ελαιόλαδο

- 75 χιλιοστόλιτρα Γάλα

- 50 γραμμάρια απλό αλεύρι. συν επιπλέον για ξεσκόνισμα

Ανακατεύουμε μαζί το σκόρδο, τα κρεμμύδια σαλάτας, το σκόρδο, την παρμεζάνα, τον μαϊντανό και μπόλικο αλάτι και πιπέρι. Πλάθουμε σε οκτώ σταθερές μπάλες. Ζεσταίνουμε το λάδι σε ένα μεγάλο τηγάνι και ψήνουμε τα κεφτεδάκια. Ρίξτε μέσα το ζωμό.

Βράζουμε τις ψιλοκομμένες ντομάτες, τη ζάχαρη, το αλάτι και το πιπέρι και προσθέτουμε στους κεφτέδες

Χτυπάμε το λάδι, το γάλα, το αλεύρι και λίγο αλάτι στον κρόκο για να γίνει ένα πηχτό, λείο κουρκούτι. Κόβουμε σε λεπτές φέτες τη μοτσαρέλα και στη συνέχεια πασπαλίζουμε με το αλεύρι. Προσθέστε τους κρόκους αυγών και ρίξτε τα χτυπημένα ασπράδια.

Βουτήξτε τις αλευρωμένες φέτες μοτσαρέλας στο κουρκούτι και μαγειρέψτε για δύο λεπτά από κάθε πλευρά μέχρι να γίνουν τραγανές και χρυσαφένιες.

73. Τυρίτιδες Emmenthal

Απόδοση: 1 άτομο

Συστατικό

- 1 μεγάλη φέτα ψωμί

- 1 Ζαμπόν σε φέτες

- 1 κουταλιά της σούπας Βούτυρο

- 1 φέτα τυρί Έμενταλ

- Αλάτι πιπέρι

- 1 Αυγό

Φρυγανίζουμε ελαφρά το ψωμί. Τηγανίζουμε για λίγο το ζαμπόν, το τοποθετούμε πάνω στο ψωμί, το σκεπάζουμε με το τυρί και το αλατοπιπερώνουμε. Τοποθετήστε σε αρκετά ζεστό φούρνο και αφήστε το τυρί να λιώσει ή σε σκεπασμένο τηγάνι πάνω από την κουζίνα. Τελευταία στιγμή, από πάνω τυρί με ένα τηγανητό αυγό.

74. Τηγανίτες τσένταρ με καλαμποκάλευρο

Απόδοση: 1 μερίδα

Συστατικό

- 1 φλιτζάνι καλαμποκάλευρο

- 1 φλιτζάνι τριμμένο κοφτερό τσένταρ

- $\frac{1}{2}$ φλιτζάνι τριμμένο κρεμμύδι

- $\frac{1}{4}$ φλιτζάνι ψιλοκομμένη κόκκινη πιπεριά

- 1 κουταλάκι του γλυκού Αλάτι

- Καγιέν, για γεύση

- $\frac{3}{4}$ φλιτζάνι βραστό νερό

- Φυτικό λάδι για τηγάνισμα

- Καυτερή σάλτσα τύπου Λουιζιάνας, για παράδειγμα μάρκας Crystal

Σε ένα μπολ ανακατεύουμε το καλαμποκάλευρο, το τσένταρ, το κρεμμύδι, την πιπεριά, το αλάτι και το καγιέν.

Ανακατεύουμε σε βραστό νερό και ανακατεύουμε καλά. Σε ένα βαθύ τηγάνι ή μια βαθιά φριτέζα ζεσταίνουμε 3 ίντσες φυτικό λάδι στους 350 F. Ρίχνουμε 6 κουταλιές από το κουρκούτι στο λάδι και τηγανίζουμε για 2-3 λεπτά ή μέχρι να ροδίσουν.

75. Τηγανίτες καμαμπέρ

Απόδοση: 10 Μερίδες

Συστατικό

- 3 κουταλιές της σούπας βούτυρο/μαργαρίνη

- 3 κουταλιές της σούπας αλεύρι για όλες τις χρήσεις

- 1 φλιτζάνι Γάλα

- 4 ουγγιές   τυρί καμαμπέρ

- Αλάτι για γεύση

- πιπέρι καγιέν για γεύση

- 1 μεγάλο αυγό

- 1 κουταλιά της σούπας βούτυρο/μαργαρίνη

- ½ φλιτζάνι ψίχα ψωμιού

Λιώστε το βούτυρο σε μια βαριά κατσαρόλα πάνω από το med. θερμότητα.

Ανακατεύουμε γρήγορα το αλεύρι. Προσθέστε το γάλα σταδιακά, ανακατεύοντας καλά. Αφήνουμε να πάρει μια βράση, προσθέτουμε το τυρί στη σάλτσα και ανακατεύουμε μέχρι να λιώσει. Προσθέστε αλάτι και πιπέρι καγιέν για γεύση.

Απλώστε το μείγμα σε πάχος $\frac{3}{4}$ ίντσας σε ένα ταψί. Κόβουμε το μείγμα του τυριού σε τετράγωνα.

Χτυπάμε τα αυγά με το νερό. Τυλίξτε τα κομμάτια τυριού στην ψίχα του ψωμιού και, στη συνέχεια, βουτήξτε τα στο μείγμα των αυγών. Τυλίξτε τα ξανά μέσα στην ψίχα και τινάξτε τα περιττά ψίχουλα.

Ρίχνουμε τα κομμάτια του τυριού λίγα- λίγα στο λάδι. Τηγανίζουμε μόνο μέχρι να ροδίσουν.

76. Τηγανίτες κουνουπιδιού-τσένταρ

Απόδοση: 24 Μερίδες

Συστατικό

- 1 ½ φλιτζάνι αλεύρι για όλες τις χρήσεις
- 2 κουταλάκια του γλυκού Μπέικιν πάουντερ
- ½ κουταλάκι του γλυκού Αλάτι
- 2 φλιτζάνια κουνουπίδι κομμένο σε κύβους
- 1 φλιτζάνι τριμμένο τυρί Cheddar
- 1 κουταλιά της σούπας κρεμμύδι ψιλοκομμένο
- 1 μεγάλο αυγό
- 1 φλιτζάνι Γάλα
- Φυτικό λάδι

Συνδυάστε τα πρώτα 3 υλικά σε ένα μεγάλο μπολ. ανακατεύουμε το κουνουπίδι, το τυρί και το κρεμμύδι.

Χτυπάμε μαζί το αυγό και το γάλα. Προσθέστε στο μείγμα του αλευριού, ανακατεύοντας μέχρι να υγρανθεί.

Ρίξτε φυτικό λάδι σε βάθος 2 ιντσών σε έναν ολλανδικό φούρνο. Ζεσταίνετε στους 375 βαθμούς Φ. Ρίξτε τη ζύμη με στρογγυλεμένες κουταλιές της σούπας σε λάδι και τηγανίστε 1 λεπτό από κάθε πλευρά ή μέχρι να ροδίσουν οι τηγανητές. Στραγγίζουμε καλά σε απορροφητικό χαρτί και σερβίρουμε αμέσως.

77. Τυρί γεμιστές πατάτες τηγανητές

Απόδοση: 5 Μερίδες

Συστατικό

- 2 κιλά Πατάτες φούρνου, μαγειρεμένες

- ⅓ φλιτζάνι Βούτυρο, μαλακωμένο

- 5 Κρόκος αυγού

- 2 κουταλιές της σούπας μαϊντανός

- 1 κουταλάκι του γλυκού Αλάτι

- ½ κουταλάκι του γλυκού πιπέρι

- Πρέζα μοσχοκάρυδο

- 4 ουγκιές τυρί μοτσαρέλα

- Αλεύρι για όλες τις χρήσεις

- 2 μεγάλα αυγά, ελαφρώς χτυπημένα

- 1 ½ φλιτζάνι ψίχα ιταλικού ψωμιού

Συνδυάστε τις πατάτες και το βούτυρο σε ένα μεγάλο μπολ ανάμειξης. χτυπάμε σε μέτρια ταχύτητα με το ηλεκτρικό μίξερ μέχρι να ομογενοποιηθούν. Προσθέστε τους κρόκους και τα επόμενα 4 υλικά, ανακατεύοντας καλά. Χωρίζουμε το μείγμα της πατάτας σε 10 μερίδες. Τυλίξτε κάθε μερίδα γύρω από μια φέτα τυρί. διαμορφώνοντας σε οβάλ.

Πασπαλίστε ελαφρά το καθένα με αλεύρι. βουτήξτε σε χτυπημένο αυγό και ρίξτε ψίχουλα ιταλικού ψωμιού. Βάζουμε στο ψυγείο 20 λεπτά.

Ρίχνουμε λάδι σε βάθος 4 ιντσών σε ολλανδικό φούρνο Ζεσταίνουμε στους 340 βαθμούς. Τηγανίζουμε τηγανητές μερικές τη φορά, 8 λεπτά, γυρίζοντας μια φορά.

78.   **Τηγανίτες αχλάδι και τσένταρ**

Απόδοση: 1 μερίδα

Συστατικό

- 4 μεσαία αχλάδια Bartlett? ξεφλουδισμένα

- 16 φέτες   Αιχμηρό τυρί τσένταρ

- $\frac{1}{2}$ φλιτζάνι αλεύρι για όλες τις χρήσεις

- 2 μεγάλα αυγά? χτυπημένο να ανακατευτούν

- 2 φλιτζάνια φρέσκια λευκή φρυγανιά

Κόψτε 3 λεπτές κάθετες φέτες από τις αντίθετες πλευρές κάθε αχλαδιού. απορρίψτε τους πυρήνες.

Εναλλάσσοντας φέτες αχλαδιού και τυριού, τοποθετήστε 2 φέτες τυριού ανάμεσα σε 3 φέτες αχλαδιού για καθεμία από 8 τηγανητές. Κρατώντας σταθερά μεταξύ τους κάθε σάντουιτς με τυρί-αχλάδι, αλείφετε ελαφρά με αλεύρι, μετά αυγά, μετά τριμμένη φρυγανιά, καλύπτετε εντελώς και πιέζετε τα ψίχουλα να κολλήσουν.

Ρίξτε λάδι σε βαρύ μεγάλο τηγάνι σε βάθος 1 ίντσας και θερμαίνετε στους 350 F. Μαγειρέψτε τις τηγανίτες σε παρτίδες μέχρι να ροδίσουν, γυρίζοντας με τρυπητή κουτάλα, περίπου 2 λεπτά ανά πλευρά. Στραγγίζουμε σε απορροφητικό χαρτί.

79. Τηγανίτες από ρικότα και κάστανο με bagna cauda

Απόδοση: 4 Μερίδες

Συστατικό

- 1 φλιτζάνι φρέσκια ρικότα

- 3 μεγάλα αυγά

- ½ φλιτζάνι τυρί Parmigiano-Reggiano

- ¼ φλιτζάνι αλεύρι κάστανο

- 1 φλιτζάνι ψιλοκομμένα κάστανα

- 1 κονσέρβα φιλέτα γαύρου

- 6 σκελίδες σκόρδο? ψιλοκομμένο

- ½ φλιτζάνι Εξαιρετικό παρθένο ελαιόλαδο

- 6 κουταλιές της σούπας ανάλατο βούτυρο

- 1 λίτρο αγνό ελαιόλαδο

Σε ένα μεγάλο μπολ ανάμειξης βάζουμε το τυρί ricotta, 2 αυγά και ½ φλιτζάνι

Parmigiano-Reggiano και ανακατεύουμε καλά. Με τα χέρια σας ανακατεύετε το αλεύρι από κάστανο μέχρι να σχηματιστεί μια λεία ζύμη σαν μπισκότο

Σε ένα μικρό μπολ χτυπάμε το υπόλοιπο αυγό. Πάρτε μια μικρή ποσότητα από το μείγμα της ρικότα και φτιάξτε μια μπάλα 2 ιντσών. Καλύψτε προσεκτικά τη μπάλα με το χτυπημένο αυγό και όσο είναι ακόμα βρεγμένο, ρίξτε ψιλοκομμένα κάστανα

Εν τω μεταξύ, σε μια μικρή κατσαρόλα ανακατεύουμε τις αντζούγιες με τους χυμούς τους, το σκόρδο και το ½ φλιτζάνι ελαιόλαδο και ανακατεύουμε σε μέτρια φωτιά. Πολτοποιήστε τις αντζούγιες να γίνουν πάστα. Ανακατεύουμε το βούτυρο 1 κουταλιά της σούπας τη φορά μέχρι να λιώσει και να ομογενοποιηθεί

Τηγανίζουμε τις μπάλες ρικότα σε καυτό λάδι μέχρι να ροδίσουν

80. Τυρίκια Waadtland

Απόδοση: 1 μερίδα

Συστατικό

- 4 φέτες τοστ, πάχους 1 3/8 ίντσας η καθεμία

- 2½ υγρή ουγγιά   Λευκό κρασί

- 5½ ουγγιά   τυρί γραβιέρα, τριμμένο

- 1 Αυγό

- Πάπρικα

- Πιπέρι

Βρέχουμε τις φέτες του τοστ με λίγο από το κρασί και τις απλώνουμε σε ταψί. Ανακατεύουμε το υπόλοιπο κρασί με το τυρί, το αυγό και τα μπαχαρικά να γίνει μια αρκετά πηχτή πάστα και απλώνουμε τη φρυγανιά. Πασπαλίζουμε με περισσότερη πάπρικα και πιπέρι. Ψήνετε για λίγο σε πολύ ζεστό φούρνο (445 βαθμοί F/Gas σημάδι 8) μέχρι να αρχίσει να λιώνει το τυρί, σερβίρετε αμέσως.

ΚΡΕΑΤΕΣ & ΠΟΥΛΕΡΙΚΕΣ ΤΡΕΓΑΤΕΣ

81. Τηγανίτες κοτόπουλου

Απόδοση: 6 Μερίδες

Συστατικό

- Χρόνος προετοιμασίας 20 λεπτά

- 2 φλιτζάνια κοτόπουλο? ψιλοκομμένο ψημένο

- 1 κουταλάκι του γλυκού Αλάτι

- 2 κουταλάκια του γλυκού ψιλοκομμένο φρέσκο μαϊντανό

- 1 κουταλιά της σούπας χυμό λεμονιού

- 1 φλιτζάνι μουστάρδα ξερή

- 1 φλιτζάνι ξύδι από λευκό κρασί

- 2 αυγά; χτυπημένα λεπτά χρόνος μαγειρέματος

- 1 $\frac{1}{4}$ φλιτζάνι Αλεύρι

- 2 κουταλάκια του γλυκού Μπέικιν πάουντερ

- ⅔ φλιτζάνι γάλα

- ¾ φλιτζάνι Μέλι

- ¼ κουταλάκι του γλυκού Αλάτι

Σε ένα μεγάλο μπολ, ρίξτε το κοτόπουλο με αλάτι, μαϊντανό και χυμό λεμονιού. Αφήστε στην άκρη για 15 λεπτά. Σε ένα άλλο μεγάλο μπολ, ανακατέψτε το αλεύρι, το μπέικιν πάουντερ, το αυγό και το γάλα. Ανακατεύουμε να ομογενοποιηθούν καλά.

Προσθέστε το μείγμα αλευριού στο κοτόπουλο και ανακατέψτε καλά.

Ρίξτε τη ζύμη ανά κουταλιά της σούπας σε καυτό λάδι και τηγανίστε σε παρτίδες χωρίς να συνωστιστεί για 2 λεπτά, μέχρι να ροδίσει. Στραγγίζουμε σε απορροφητικό χαρτί και σερβίρουμε με μουστάρδα μελιού για βουτιά.

Προετοιμάστε τις οδηγίες μουστάρδας μελιού

82.   Χονδρές τηγανητές μοσχαρίσιες

Απόδοση: 5 Μερίδες

Συστατικό

- 2 λίβρες   μαγειρεμένο ψητό μοσχάρι χωρίς καρυκεύματα

- 6 κουταλιές της σούπας Γάλα

- 1 κουταλιά της σούπας αλεύρι για όλες τις χρήσεις

- 3 το καθένα Μεγάλα Αυγά, χτυπημένα

- $1\frac{1}{2}$ φλιτζάνι Αλεύρι που φουσκώνει μόνο του

- 4 κουταλάκια αλάτι

- $\frac{1}{4}$ κουταλάκι του γλυκού Πιπέρι

Συνδυάστε το γάλα και το αλεύρι. ανακατεύουμε στα αυγά. Ανακατεύουμε το αλεύρι που φουσκώνει μόνο του, αλάτι και πιπέρι.

Βουτήξτε τα κομμάτια του ψητού βοείου κρέατος στο μείγμα αυγών και ρίξτε το στο μείγμα αλευριού.

Τηγανίζουμε σε ζεστό βαθύ λίπος μέχρι να ροδίσουν και να ζεσταθούν. Στραγγίζουμε σε απορροφητικό χαρτί κουζίνας και σερβίρουμε ζεστό.

83. Τηγανίτες αυγών με αμπελοφάσουλα και μακαρόνια

Απόδοση: 6 Μερίδες

Συστατικό

- 1 κιλό αμπελοφάσουλα, βρασμένα

- ½ κιλό μακαρόνια ή ζίτι

- ¾ φλιτζάνι ψίχουλα ψωμιού, χωρίς γεύση

- ½ κουταλάκι του γλυκού σκόρδο, ψιλοκομμένο

- Μαϊντανός ψιλοκομμένος

- Σάλτσα μαρινάρα

- 6 κουταλιές της σούπας παρμεζάνα, τριμμένη

- 6 αυγά χτυπημένα

- Αλάτι πιπέρι

- Λάδι για τηγάνισμα

Προσθέστε ψίχουλα ψωμιού, τυρί, μαϊντανό, αλάτι, πιπέρι και σκόρδο στα αυγά. Ανακατεύουμε καλά για να σχηματιστεί ένα κουρκούτι. Ζεσταίνουμε το λάδι σε μέτρια υψηλή, όταν είναι ζεστό, μια σταγόνα κουρκούτι πρέπει να σκληρύνει και να επιπλέει στην επιφάνεια. Βάζουμε στη ζύμη μια κουταλιά του γλυκού κάθε φορά. Μην συνωστίζετε.

Όταν οι τηγανίτες έχουν φουσκώσει, τις γυρίζετε μέχρι να σχηματίσουν μια χρυσή κρούστα.

Συνδυάστε τα αμπελοφάσουλα, τα μακαρόνια και τη σάλτσα μαρινάρας σε ένα μεγάλο μπολ σερβιρίσματος.

84. Φρέσκο καλαμπόκι και τηγανητές λουκάνικα

Απόδοση: 24 Μερίδες

Συστατικό

- 1 φλιτζάνι Αλεύρι για όλες τις χρήσεις, κοσκινισμένο

- 1 κουταλάκι του γλυκού Baking Powder

- 1 κουταλάκι του γλυκού Αλάτι

- $\frac{1}{8}$ κουταλάκι του γλυκού Πιπέρι

- $\frac{1}{4}$ κουταλάκι του γλυκού πάπρικα

- 1 φλιτζάνι Λουκάνικο, μαγειρεμένο και θρυμματισμένο

- 1 φλιτζάνι φρέσκο καλαμπόκι από το στάχυ

- 2 Κρόκοι αυγών, χτυπημένοι

- 2 κουταλιές της σούπας Γάλα

- 2 ασπράδια αυγών, χτυπημένα σφιχτά

- Λάδι, για τηγάνισμα

Κοσκινίζουμε το αλεύρι, το μπέικιν πάουντερ και τα μπαχαρικά μαζί σε ένα μπολ. Προσθέστε λουκάνικο, καλαμπόκι, κρόκους αυγών και γάλα. ανακατεύουμε μέχρι να ομογενοποιηθούν. Διπλώνουμε τα ασπράδια αβγών χτυπημένα σφιχτά.

Ρίξτε γεμίζοντας κουταλάκια του γλυκού σε λάδι που έχει θερμανθεί στους 360 - 365 βαθμούς.

Μαγειρέψτε για 3 με 5 λεπτά, ροδίζοντας από όλες τις πλευρές. Στραγγίζουμε σε απορροφητικό χαρτί.

85. Χοτ ντογκ τηγανητές καλαμποκιού

Απόδοση: 6 εγγόνια

Συστατικό

- 6 αυγά? σε διασταση
- 12 ουγγιές καλαμπόκι με πιμιέντο
- 6 Χοτ ντογκ
- $\frac{1}{2}$ φλιτζάνι αλεύρι για όλες τις χρήσεις
- $\frac{1}{2}$ κουταλάκι του γλυκού Αλάτι
- 1 κουταλιά της σούπας Σέρι μαγειρικής

Χτυπάμε τους κρόκους των αυγών μέχρι να γίνουν ελαφρύ και αφράτο. προσθέτουμε το καλαμπόκι, τα χοτ ντογκ κομμένα σε κύβους, το αλεύρι, το αλάτι και το σέρι. Ανακατεύουμε πολύ καλά. Χτυπάμε τα ασπράδια μέχρι να γίνουν κορυφές. Διπλώστε τα ασπράδια στο μείγμα του χοτ ντογκ, προσέχοντας να μην χάσετε τον αέρα.

Τηγανίζουμε σε ένα ζεστό, ελαφρώς λαδωμένο ταψί, όπως θα κάνατε με τηγανίτες, χρησιμοποιώντας περίπου $\frac{1}{4}$ φλιτζάνι από το μείγμα ανά κέικ. Σερβίρετε αμέσως, ζεστό.

86. Κορεάτικες τηγανητές κρέατος

Απόδοση 4 Μερίδα

Συστατικό

- 2 κιλών   κόντρα φιλέτο

- 3 κλωναράκια φρέσκο κρεμμυδάκι, ψιλοκομμένο

- 2 κουταλιές της σούπας σησαμέλαιο

- 2 κουταλάκια του γλυκού σουσάμι

- $\frac{1}{2}$ φλιτζάνι σάλτσα σόγιας

- 1 σκελίδα σκόρδο, ψιλοκομμένη

- 1 μπουκιά μαύρο πιπέρι

- 5 Αυγά

Ανακατεύουμε όλα τα υπόλοιπα υλικά εκτός από τα αυγά και μουλιάζουμε το κρέας σε σάλτσα για μία ώρα.

Αλευρώνουμε το κρέας και βουτάμε σε ελαφρώς χτυπημένο αυγό και τηγανίζουμε

σε μέτρια φωτιά μέχρι να ροδίσει.
Σερβίρουμε ζεστό με σάλτσα.

Σάλτσα: 2 κ.σ. σάλτσα σόγιας 1 κουτ.
φρέσκο κρεμμυδάκι ψιλοκομμένο 1 κουτ.
σουσάμι 1 κουτ. ξύδι 1 κουτ. ζάχαρη
Ανακατεύουμε όλα τα υλικά μαζί.

87. Τηγανίτες παρμεζάνας και μοτσαρέλας

Απόδοση: 4 Μερίδες

Συστατικό

- 1 σκελίδα σκόρδο? ψιλοκομμένο

- 2 Ώριμη μοτσαρέλα. τριμμένο

- 1 μικρό αυγό? χτυπημένος

- Λίγα φύλλα φρέσκου βασιλικού

- 70 γραμμάρια παρμεζάνα; τριμμένο

- 2 κουταλιές της σούπας   απλό αλεύρι

- Αλατοπίπερο

Ανακατεύουμε τη μοτσαρέλα, το σκόρδο, τον βασιλικό, την παρμεζάνα και τα καρυκεύματα και τα δένουμε με χτυπημένο αυγό. Προσθέτουμε λίγο αλεύρι, πλάθουμε και αφήνουμε στο ψυγείο για περίπου 30 λεπτά.

Πασπαλίζουμε ελαφρά με αλεύρι πριν τηγανίσουμε

Το μείγμα πρέπει να είναι αρκετά μαλακό, γιατί σφίγγεται αφού ξεκουραστεί στο ψυγείο για τον απαιτούμενο χρόνο. Το λάδι στο τηγάνι δεν πρέπει να είναι πολύ καυτό διαφορετικά οι τηγανητές θα καούν εξωτερικά και θα είναι κρύες στη μέση.

ΤΖΑΝΙΤΕΣ ΕΠΙΔΟΡΠΙΟΥ

88. **Τηγανίτες πεκάν καλυμμένες με σοκολάτα**

Απόδοση: 4 δωδεκάδες

Συστατικό

- 2 πακέτα καραμέλες βανίλιας. 6 ουγκιές. εα.

- 2 κουταλιές της σούπας Γάλα εβαπορέ

- 2 φλιτζάνια μισά πεκάν

- 8 ουγγιές   σοκολατάκια γάλακτος. μπαρ; σπασμένα σε τετράγωνα

- ⅓   Μπάρα παραφίνης. σπασμένο σε κομμάτια

Συνδυάστε καραμέλες και γάλα πάνω από το διπλό λέβητα. ζεσταίνουμε μέχρι να λιώσουν οι καραμέλες, ανακατεύοντας συνεχώς. Χτυπάμε με ξύλινη κουτάλα μέχρι να γίνει κρέμα. ανακατεύουμε με τα πεκάν. Ρίξτε με κουταλάκια του γλυκού σε βουτυρωμένο κερωμένο χαρτί. αφήστε να σταθεί 15 λεπτά.

Συνδυάστε τη σοκολάτα και την παραφίνη στο πάνω μέρος του διπλού λέβητα. ζεσταίνουμε μέχρι να λιώσει και να ομογενοποιηθεί, ανακατεύοντας κατά διαστήματα.

Χρησιμοποιώντας μια οδοντογλυφίδα, βυθίστε κάθε τηγανητό σε μείγμα σοκολάτας

Τοποθετούμε σε κερωμένο χαρτί να κρυώσει.

89.   Τηγανίτες Choux

Απόδοση: 1 μερίδα

Συστατικό

- $\frac{1}{2}$ φλιτζάνι βούτυρο ή μαργαρίνη

- 1 φλιτζάνι βραστό νερό

- $\frac{1}{4}$ κουταλάκι του γλυκού Αλάτι

- $1\frac{3}{4}$ φλιτζάνι Αλεύρι

- 4 Αυγά

- 4 φλιτζάνια Φυτικό λάδι? (12 oz)

- Κρυσταλλική ζάχαρη

Ανακατεύουμε το βούτυρο, το βραστό νερό, το αλάτι και το αλεύρι σε μια κατσαρόλα σε μέτρια φωτιά. Χτυπάμε δυνατά το μείγμα μέχρι να φύγει από τις πλευρές του τηγανιού και να γίνει μια μπάλα. Αποσύρουμε από τη φωτιά και κρυώνουμε ελαφρώς. Ρίξτε κουτάλι σε ένα μίξερ ή επεξεργαστή τροφίμων με μια ατσάλινη λεπίδα και προσθέστε τα αυγά ένα-ένα, χτυπώντας καλά μετά από κάθε προσθήκη. Όταν έχουν προστεθεί όλα τα αυγά και το μείγμα είναι παχύρρευστο, πρέπει να κρατήσει το σχήμα του όταν το ανασηκώνετε με ένα κουτάλι.

Βουτήξτε μια κουταλιά της σούπας πρώτα σε καυτό λάδι και μετά στη ζύμη.

Ρίξτε προσεκτικά τις κουταλιές της σούπας ζύμη σε καυτό λάδι και μαγειρέψτε μέχρι να ροδίσουν από όλες τις πλευρές. Αφαιρούμε από το λάδι με τρυπητή κουτάλα και στραγγίζουμε σε απορροφητικό χαρτί κουζίνας.

90. Χριστουγεννιάτικες τηγανίτες πουτίγκας

Απόδοση: 1 μερίδα

Συστατικό

- 25 γραμμάρια   αλεύρι που φουσκώνει μόνο του

- 125 χιλιοστόλιτρα μπύρα

- 125 χιλιοστόλιτρα γάλα

- 125 χιλιοστόλιτρα Κρύο νερό

- 1 έμεινε πάνω από τη χριστουγεννιάτικη πουτίγκα

- 1 Αλεύρι απλό

- 1 Φριτέζα με λάδι

Συνδυάστε τα τέσσερα πρώτα υλικά για να φτιάξετε μια ζύμη. Αφήνουμε στην άκρη για 20 λεπτά.

Ζεσταίνουμε τη φριτέζα στους 180C.

Κόβουμε την πουτίγκα σε κύβους ή δάχτυλα, περνάμε μέσα από το αλεύρι και μετά βουτάμε στο κουρκούτι. τηγανίζουμε μέχρι να ροδίσουν.

Στραγγίζουμε σε πετσέτα κουζίνας και σερβίρουμε.

91. Τηγανίτες κανέλας

Απόδοση: 1 μερίδα

Συστατικό

- 1 φλιτζάνι Ζεστό νερό

- ⅓ φλιτζάνι Βραχυντικό

- 2 φλιτζάνια Αλεύρι

- ½ φλιτζάνι Ζάχαρη

- 1 κουταλιά της σούπας Κανέλα

- Αλας

- 2 κουταλάκια του γλυκού Μπέικιν πάουντερ

- Λάδι για τηγάνισμα

- ¼ κανέλα

- ½ φλιτζάνι καστορίνη

Λιώνουμε το λίτρον στο ζεστό νερό. Ανακατεύουμε το αλεύρι, τη ζάχαρη, την κανέλα, το αλάτι και το μπέικιν πάουντερ.

Ανακατέψτε καλά. Τυλίξτε σε μια μπάλα και κρυώστε τη ζύμη για τουλάχιστον 1 ώρα. Ζεσταίνουμε το φυτικό λάδι 1" στους 375 σε μια βαθιά φριτέζα ή τηγάνι. Κόβουμε μικρά κομμάτια ζύμης και τυλίγουμε σε μπαλάκια.

Τηγανίζουμε για 3-4 λεπτά μέχρι να ροδίσουν

Βγάλτε το από το καυτό λάδι με τρυπητή κουτάλα. Στραγγίζουμε σε απορροφητικό χαρτί και κρυώνουμε για λίγα λεπτά σε σχάρα. Ανακατεύουμε την κανέλα με τη ζάχαρη σε ένα μπολ. Τυλίξτε ζεστές τηγανητές κανέλας στο μείγμα ζάχαρης για να καλυφθούν εντελώς. Σερβίρετε ζεστό.

92. Γαλλικά τηγανιτά

Απόδοση: 1 μερίδα

Συστατικό

- 2 αυγα; σε διασταση

- ⅔ φλιτζάνι γάλα

- 1 φλιτζάνι Αλεύρι; κοσκινισμένος

- ½ κουταλάκι του γλυκού Αλάτι

- 1 κουταλιά της σούπας βούτυρο; λειωμένο

- 2 κουταλιές της σούπας χυμό λεμονιού

- 1 Λεμόνι; φλούδα τριμμένη

- 2 κουταλιές της σούπας Ζάχαρη

- 4 Μήλα ή πορτοκάλια, ανανάς

- Σύκα ή αχλάδια

Πασπαλίστε τις φέτες φρούτων της επιλογής σας με τη φλούδα λεμονιού και τη ζάχαρη και αφήστε να σταθούν για 2 έως 3 ώρες. Στραγγίζουμε και βουτάμε στο λεπτό κουρκούτι Fritter.

Ζύμη: Χτυπάμε μαζί με το μίξερ, τους κρόκους αυγών, το γάλα, το αλεύρι, το αλάτι βούτυρο και το χυμό λεμονιού. Διπλώνουμε τα ασπράδια που έχουν χτυπήσει σφιχτά.

Τηγανίζουμε σε βαθιά λιπαρά 375

Στραγγίζουμε και σερβίρουμε ζεστό με 10x ζάχαρη, ή ένα γλυκό σιρόπι ή σάλτσα.

93. Τηγανίτες σφενδάμου

Απόδοση: 24 Τηγανίτες

εγώ **συστατικό**

- 3 αυγά το καθένα

- 1 κουταλιά της σούπας Κρέμα

- ½ κουταλάκι του γλυκού Αλάτι

- 2 φλιτζάνια Γάλα

- 2 κουταλάκια του γλυκού Μπέικιν πάουντερ

- 4 φλιτζάνια Αλεύρι

Ανακατεύουμε το μπέικιν πάουντερ και το αλάτι με το αλεύρι και προσθέτουμε το γάλα. Χτυπάμε τα αυγά και την κρέμα γάλακτος και ανακατεύουμε στο μείγμα με το αλεύρι. Ρίξτε κουταλιές της σούπας σε ζεστό λίπος, θερμαινόμενο στους 370*F και τηγανίστε μέχρι να γίνει, περίπου 5

λεπτά. Σερβίρουμε με ζεστό σιρόπι
σφενδάμου.

94. Τηγανίτες κεράσι με ρούμι

Απόδοση: 6 Μερίδες

Συστατικό

- ½ φλιτζάνι αλεύρι για όλες τις χρήσεις
- 2 κουταλιές της σούπας ζάχαρη ζαχαροπλαστικής
- ¼ κουταλάκι του γλυκού Αλάτι
- 1 κιλό Κεράσια με κοτσάνια
- Αχνη ζάχαρη
- 2 αυγα; σε διασταση
- 2 κουταλιές της σούπας Ρούμι
- ½ φλιτζάνι βούτυρο κλαριφ
- ½ φλιτζάνι Φυτικό λάδι

Σε ένα μεσαίο μπολ ανακατεύουμε το αλεύρι, τους κρόκους των αβγών, 2 Τ ζάχαρη ζαχαροπλαστικής, το ρούμι και το αλάτι για να σχηματιστεί μια λεία ζύμη.

Σκεπάζουμε και αφήνουμε να σταθεί 1 με 2 ώρες.

Χτυπάμε τα ασπράδια μέχρι να σφίξουν και τα διπλώνουμε στο κουρκούτι.

Ζεσταίνουμε το βούτυρο και το φυτικό λάδι σε ένα μεγάλο τηγάνι στους 360 βαθμούς Φ. και μετά χαμηλώνουμε τη φωτιά.

Βουτήξτε τα κεράσια στο κουρκούτι και βάλτε τα στο καυτό λάδι

Τηγανίζουμε για 3 λεπτά ή μέχρι να ροδίσουν

Αφαιρούμε τα κεράσια. Τα βουτάμε στη ζάχαρη του ζαχαροπλαστείου και σερβίρουμε.

95. Σουβγανιώτη

Απόδοση: 20 ή 25

Συστατικό

- 1 φλιτζάνι ζεστό νερό

- 1 συσκευασία Ξηρή μαγιά

- 1 κουταλιά της σούπας Ζάχαρη

- 4 φλιτζάνια αλεύρι για όλες τις χρήσεις

- 1 φλιτζάνι γάλα ζεστό

- 1 κουταλιά της σούπας ανάλατο βούτυρο (λιωμένο)

- 1 κουταλιά της σούπας Λάδι

- 1 Αυγό

- 2 κουταλάκια του γλυκού Αλάτι

- 3 κουταλιές της σούπας Ζάχαρη

- Μαρμελάδα στο γούστο σας

- Ζάχαρη και κανέλα να πασπαλίσουμε

Ανακατεύουμε τα υλικά της μαγιάς και αφήνουμε να ξεκουραστεί για 10 λεπτά.

Ανακατεύουμε τη μαγιά μαζί με όλα τα υλικά εκτός από το αλεύρι. Ανακατεύουμε σιγά σιγά το αλεύρι και δουλεύουμε καλά. Αφήστε να ξεκουραστεί για 3 ώρες. Τηγανίζουμε σε καυτό και βαθύ λάδι, μετρώντας τη ζύμη με ένα μεγάλο κουτάλι.

Γυρίστε μια φορά για να ροδίσουν ομοιόμορφα. Στραγγίζουμε πάνω από χαρτί κουζίνας. Όταν κρυώσει, γεμίζουμε με τη μαρμελάδα και πασπαλίζουμε με ζάχαρη μια κανέλα.

96. Τηγανίτες κρασιού

Απόδοση: 4 Μερίδες

Συστατικό

- 4 Ρολά τύπου ραβδιού

- 200 γραμμάρια αλεύρι (1 3/4 φλιτζάνι)

- 2 αυγα

- $\frac{1}{4}$ λίτρο Γάλα

- 1 πρέζα Αλάτι

- Λίπος για τηγάνισμα

- $\frac{1}{2}$ λίτρο Κρασί Ή μηλίτη

- Ζάχαρη για γεύση

Συνδυάστε το αλεύρι, τα αυγά, το γάλα και το αλάτι σε ένα κουρκούτι. Κόβουμε τα ρολά σε 4 φέτες. Βουτήξτε τις φέτες στο κουρκούτι και στη συνέχεια τηγανίστε μέχρι να ροδίσουν.

Τοποθετήστε τηγανίτες σε ένα μπολ και περιχύστε τις με ζεστό, ζαχαρούχο κρασί ή μηλίτη. Δώστε τους χρόνο να απορροφήσουν το κρασί πριν το σερβίρετε.

ΒΡΩΣΙΜΕΣ ΦΡΙΤΤΕΡΕΣ ΛΟΥΛΟΥΔΩΝ

97. **Σερβίρονται τηγανητές σαμπούκοι με μους σαμπούκου**

Απόδοση: 4 Μερίδες

Συστατικό

- Ηλιέλαιο για βαθύ τηγάνισμα

- 8 Κεφάλια σαμπούκου? ανάλογα με το μέγεθος

- 180 γραμμάρια αλεύρι απλό

- 1 κουταλιά της σούπας ζάχαρη άχνη

- Μια πρέζα αλάτι

- Ψιλοτριμμένο ξύσμα από 1 λεμόνι

- 2 αυγα

- 60 χιλιοστόλιτρα Γάλα

- 60 χιλιοστόλιτρα Λευκό ξηρό κρασί

- 1 Σε φέτες λεμόνι και ζάχαρη άχνη

Κοσκινίζουμε το αλεύρι σε ένα μπολ με τη ζάχαρη και το αλάτι. Προσθέστε το ξύσμα λεμονιού και τα αυγά και ρίξτε περίπου το μισό γάλα και το μισό κρασί. Ξεκινήστε να χτυπάτε τα υγρά στο αλεύρι, ενσωματώνοντας σταδιακά το υπόλοιπο γάλα και το κρασί για να κάνετε μια λεία ζύμη.

Ένα-ένα, πάρτε τα λουλούδια από τους μίσχους τους και βυθίστε στο κουρκούτι. Ανασηκώστε και αφήστε το κουρκούτι που περισσεύει να τρέξει και στη συνέχεια γλιστρήστε μέσα στο λάδι.

Μετά από δύο λεπτά το από κάτω πρέπει να είναι ανοιχτό χρυσοκαφέ. Γυρίζουμε τις τηγανητές και τις τραγανές για άλλο ένα λεπτό. Στραγγίζουμε σε χαρτί κουζίνας πριν το σερβίρουμε.

98. **Τηγανίτες λουλουδιών πικραλίδας**

Απόδοση: 10 Μερίδες

Συστατικό

- 1 φλιτζάνι Αλεύρι ολικής αλέσεως

- 2 κουταλιές της σούπας Ελαιόλαδο

- 2 κουταλάκια του γλυκού Baking Powder

- 1 φλιτζάνι άνθη πικραλίδας

- 1 πρέζα Αλάτι

- 1 Αυγό

- Αντικολλητικό σπρέι φυτικών ελαίων

- $\frac{1}{2}$ φλιτζάνι Γάλα με χαμηλά λιπαρά

Αυτή η παραλλαγή στις τηγανίτες χρησιμοποιεί τις κίτρινες ρουφηξιές της πικραλίδας, μια καλή πηγή βιταμίνης Α.

Σε ένα μπολ ανακατεύουμε μαζί το αλεύρι, το μπέικιν πάουντερ και το αλάτι. Σε ξεχωριστό μπολ χτυπάμε τα αυγά και μετά ανακατεύουμε με το γάλα ή το νερό και το ελαιόλαδο.

Συνδυάστε με ξηρό μείγμα. Ανακατεύουμε προσεκτικά τα κίτρινα άνθη, προσέχοντας να μην τα συνθλίψουμε.

Ψεκάστε ελαφρά ένα ταψί ή τηγάνι με φυτικό λάδι.

Ζεσταίνουμε μέχρι να ζεσταθεί καλά. Ρίχνουμε το κουρκούτι στο ταψί με κουταλιές και ψήνουμε σαν τηγανίτες.

99. Τηγανίτες σαμπούκου

Απόδοση: 1 μερίδα

Συστατικό

- 8 Κεφάλια Σαμπούκου

- 110 γραμμάρια αλεύρι απλό

- 2 κουταλιές της σούπας ηλιέλαιο

- 150 χιλιοστόλιτρα Lager ή νερό

- 1 ασπράδι αυγού

- Λάδι για τηγάνισμα

- Ζάχαρη άχνη; κοσκινισμένος

- Σφήνες λεμονιού

Κοσκινίζουμε το αλεύρι και το αλάτι μαζί και ανακατεύουμε με το λάδι και τη λάγκερ να γίνει ένα μείγμα. Αφήστε να σταθεί σε δροσερό μέρος για 1 ώρα. Χτυπάμε το ασπράδι μέχρι να κρατήσει σε σφιχτές κορυφές. Διπλώστε το αυγό λίγο πριν χρησιμοποιήσετε το κουρκούτι.

Ζεσταίνουμε λίγο λάδι σε βαθύ τηγάνι ή φριτέζα. Βουτήξτε τις κεφαλές των λουλουδιών στο κουρκούτι και, στη συνέχεια, ρίξτε τις στο καυτό λάδι και τηγανίστε μέχρι να ροδίσουν.

Στραγγίζουμε τις τηγανητές σε χαρτί κουζίνας. Στοιβάζετε σε ένα πιάτο, πασπαλίζετε με την κοσκινισμένη ζάχαρη άχνη και σερβίρετε με φέτες λεμονιού.

100. Τηγανίτες με ροδοπέταλα

Απόδοση: 4 Μερίδες

Συστατικό

- 1 κάθε μάτσο ροδοπέταλα

- άχνη ζάχαρη

- γλυκιά σάλτσα

Ρίξτε μέσα τα πέταλα και ανακατέψτε απαλά.

Ρίχνουμε στο καυτό λάδι και τηγανίζουμε μέχρι να ροδίσουν.

Για τηγάνισμα: Βουτήξτε κομμάτια φαγητού στο κουρκούτι. Τηγανίζουμε σε 3-4 ίντσες λίπος στους 375 βαθμούς μέχρι να ροδίσουν.

Στραγγίζουμε σε απορροφητικό χαρτί.

Πασπαλίστε τηγανητές φρούτων με ζάχαρη ζαχαροπλαστικής ή από πάνω με μια γλυκιά σάλτσα.

ΣΥΜΠΕΡΑΣΜΑ

Γλυκό ή αλμυρό, η ταπεινή τηγανιά είναι γευστικά ευέλικτη. Το τραγανό και ζεστό από το τηγάνι είναι ο αγαπημένος μας καλύτερος τρόπος για να απολαύσουμε το πιάτο με βάση τη ζύμη, ιδιαίτερα ως μέρος ενός χαλαρού πρωινού του Σαββατοκύριακου.

Με λίγη προσοχή, είναι εύκολο να φτιάξετε σπιτικά τηγανιτά που είναι μια πλούσια και παρακμιακή απόλαυση, κατάλληλα για πρωινό, βραδινό, επιδόρπιο ή απλώς ως σνακ. Υπάρχει μια μεγάλη ποικιλία από συνταγές για τηγανητές σε αυτό το βιβλίο για να δοκιμάσετε που σίγουρα θα ευχαριστήσουν σχεδόν κανέναν.

Πριν ξεκινήσετε να φτιάχνετε τηγανίτες, βρείτε το κατάλληλο κουρκούτι που ταιριάζει στην κουζίνα και τις γεύσεις σας. Δοκιμάστε αυτή τη βασική συνταγή για κουρκούτι που χρησιμοποιεί λάδι καρύδας με ελαφριά γεύση για μια αναζωογονητική γεύση. Ανακατέψτε τις διαφορετικές γεμίσεις της επιλογής σας, από γλυκές και φρουτώδεις έως κρεατικές και αλμυρές.

Ingram Content Group UK Ltd.
Milton Keynes UK
UKHW020619180523
421950UK00008B/34